LES DIVERSES LÉGISLATIONS DE L'EUROPE CONCERNANT LES SOCIÉTÉS COOPÉRATIVES

P. HUBERT-VALLEROUX
Avocat à la Cour d'appel de Paris.
Docteur en droit.

(EXTRAIT du *Bulletin de la Société de Législation comparée.*)

Prix : 2 francs.

PARIS

PICHON, SUCC^r DE COTILLON
Libraire du Conseil d'État et de la Société de législation comparée.
24, RUE SOUFFLOT, 24

GUILLAUMIN ET Cie
Editeurs du *Journal des économistes*, du *Dictionnaire d'économie politique*, etc.
14, RUE DE RICHELIEU, 14

1891

LES DIVERSES LÉGISLATIONS
DE L'EUROPE
CONCERNANT LES
SOCIÉTÉS COOPÉRATIVES

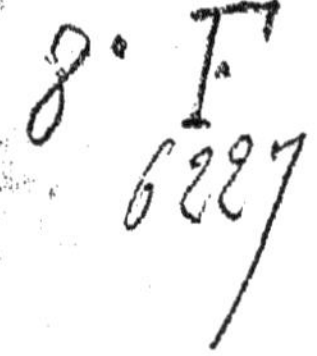

LES

DIVERSES LÉGISLATIONS

DE L'EUROPE

CONCERNANT LES

SOCIÉTÉS COOPÉRATIVES

PAR

P. HUBERT-VALLEROUX

Avocat à la Cour d'appel de Paris.
Docteur en droit.

(Extrait du *Bulletin de la Société de Législation comparée.*)

PARIS

PICHON, Succr DE COTILLON
Libraire du Conseil d'État
et de la Société de législation
comparée.
24, RUE SOUFFLOT, 24

GUILLAUMIN ET Cie
Editeurs du *Journal
des économistes*, du *Dictionnaire
d'économie politique*, etc.
14, RUE DE RICHELIEU, 14

1891

LES DIVERSES LÉGISLATIONS

DE L'EUROPE

CONCERNANT LES

SOCIÉTÉS COOPÉRATIVES

Les sociétés coopératives inconnues il y a encore un demi-siècle, font aujourd'hui assez grande figure, ainsi qu'en témoignent les chiffres rassemblés en quelques pays qui ont des statistiques sur la matière. Ainsi, en Angleterre, au dernier Congrès de ces sociétés (car elles en ont tous les ans), tenu à Glasgow, on dénombrait 1.515 sociétés ayant ensemble : 1.055.000 membres. Si l'on veut considérer que ces membres sont tous chefs de famille et qu'ils font profiter leur famille entière des avantages que procurent leur société, on trouvera que la coopération sert en Angleterre à 4 ou 5 millions de personnes au moins. Le capital actionnaire s'élevait à 11.200.000 liv. st., soit à plus de 280 millions de francs; les ventes de l'année précédente (1889) avaient été de 40.225.000 liv. st., ou plus de 1 milliard de francs. Les bénéfices arrivaient à 9 p. 100 du montant des ventes, ou 30 p. 100 du capital; encore faut-il considérer que de nombreuses sociétés vendent presque à prix coûtant et ne font pas de bénéfices.

Ces chiffres sont élevés, ils ne donnent cependant qu'une partie du mouvement coopératif en Angleterre, car ils ne s'appliquent qu'aux seules sociétés de consommation. Il y a d'autres sociétés coopératives; celles de construction de maisons, par exemple (*Building Societies*), sont florissantes en un pays où l'amour du *home* est très fort même chez les gens de petite condition. Ces sociétés étaient, en 1890, au nombre de 1.940 pour l'Angleterre et le pays de Galles seulement; elles avaient 600.000 membres; leurs recettes de l'année s'étaient élevées à 19 millions de liv. st., et elles avaient en placements hypothécaires un capital de 52 millions de liv. st., soit 1 milliard 300 millions de francs.

En Allemagne, on donnait, en 1890, le chiffre de 5.950 sociétés coopératives pour l'Empire, dont 2.988 banques populaires, 760 sociétés de consommation et 2,174 « vouées à diverses industries ». Peut-être il y aurait lieu à quelques réserves au sujet de ce dernier chiffre, mais les autres méritent plus de confiance. La fédération fondée autrefois par M. Schulze-Delitzsch et toujours propère réunit 1.150 banques populaires (ou sociétés coopératives de crédit mutuel, les deux mots ont le même sens), et il y aurait un millier de sociétés du type Raffeisen ou banques populaires agricoles.

Sur les 1,150 banques populaires fédérées, 901 avaient envoyé un compte-rendu de leurs opérations. Elles avaient 461,000 membres, disposaient d'un capital (actionnaire ou déposé), de 561 millions de marks (le mark, 1 fr. 25), et elles avaient fait, dans l'année, des prêts pour plus de 1 milliard 590 millions de marcks.

En Autriche, d'après les chiffres que nous envoie un de nos correspondants, M. le baron Fr. von Call, il y a 1.916 sociétés coopératives, dont 1.464 de crédit, 239 de consommation et 213 autres. Le nombre des membres s'élève pour les seules sociétés enregistrées, soit 1.237 d'entre elles, à 535.772, disposant d'un capital (actionnaire ou venant de dépôts), de 287.581,000 florins (le florin, 2 fr. 50).

L'Italie a près de 800 banques populaires, environ 650 sociétés de consommations, puis des laiteries coopératives, des sociétés de construction, etc., donnant un total que l'on porte à 3.000 sociétés, chiffre trop élevé sans doute, mais il est certain que le mouvement coopératif dans ce pays est sérieux et en progrès.

Il n'est pas moins important en Suisse, en Belgique, en Hollande, dans les pays scandinaves, en Russie même, et si la France n'a pas été nommée encore, c'est qu'en l'absence de chiffres certains, il suffit de rappeler que c'est dans notre pays que le mouvement coopératif a commencé, qu'il y a eu du retentissement et de l'éclat, alors que le nom même était inconnu dans les pays voisins et qu'il s'y trouve actuellement de nombreuses sociétés sans liens entre elles, mais très vivantes et très utiles.

Ce mouvement, en même temps qu'il est fort, est très nouveau, car il ne date guère que de trente ans. A la vérité, la première société française est de 1834, et en 1848 on a eu de nombreuses fondations de sociétés, mais qui n'ont pas duré pour la plupart; le mouvement actuel ne date que de 1863. En Angleterre, la première société est de 1842, mais il n'y en avait encore que 6 en 1858; c'est vers 1860 que le progrès se marque et prend la grande extension que l'on a vu qu'il a maintenant. En Allemagne, la première banque populaire a été érigée en 1852, et il n'y en avait que 7 cinq ans après. La première société coopérative italienne est de 1863; la première société belge de 1864; c'est vers le même temps que la coopération a pénétré dans les autres pays.

On comprend que cette forme nouvelle de société eut quelque peine parfois à s'accommoder de lois qui n'avaient pas été faites pour elle. Et comme la coopération, après avoir été considérée avec crainte, comme une manifestation dangereuse du socialisme, était enfin vue avec faveur, les Parlements ont fait des lois pour assurer une situation à ces sociétés nouvelles déjà florissantes, déjà utiles et dont on attendait plus encore. Ce sont ces lois qui font l'objet de la présente communication. Comme elles sont fort diverses, et qu'à la réserve de la législation autrichienne imitée de la loi allemande, elles ne forment pas entre elles de groupes ayant un caractère bien distinct, il faudra les exposer successivement, ce qui mettra quelque défaut d'unité et de méthode dans une étude forcément assez longue. Mais il est nécessaire, avant de passer à ces études séparées, de faire deux observations générales.

La première est qu'on ne doit pas s'attendre à trouver une législation ni très savante ni très arrêtée; son objet est trop nouveau et trop indécis pour que les textes puissent atteindre à la perfection qu'on peut demander à ceux qui règlent des situations anciennes, bien connues, ayant exercé lesjuriconsultes. Plusieurs de ces lois ont même été déjà refaites, ainsi en est-il de la loi anglaise de 1852 refaite en 1876; de la loi allemande de 1867 refaite en 1889. Dans notre pays même le Parlement est saisi d'un projet qui réglerait à nouveau la situation des sociétés coopératives, et changerait, en cette partie, la loi du 24 juillet 1867. C'est pour ce motif que j'ai tenu, autant que j'ai pu, à être renseigné sur la manière dont ces lois diverses fonctionnaient et sur les critiques qu'elles soulevaient de la part des intéressés (1).

(1) Je dois des remerciements à ceux de nos membres correspondants ou collègues de l'étranger qui ont bien voulu répondre et parfois d'une manière très complète aux questionnaires qui leur avaient été adressés dans ce but, et principalement à MM. Blumstein, avocat à Strasbourg; le docteur Unger, président du tribunal de l'Empire et le baron Frédéric von Call,

La seconde observation qu'il faut faire est celle-ci. L'usage qui donne aux mots leur valeur a donné le nom de *coopératives* à des sociétés très diverses entre elles : diverses par leur but, diverses par la qualité de leurs membres, diverses mêmes alors qu'elles semblent appartenir à une seule variété, si bien que rien n'est plus difficile que de marquer précisément où finit la coopération.

Le mot d'abord n'est d'aucun appui ; on a vu tel industriel donner, dans un but de réclame, le titre de coopératif au magasin qu'il dirigeait seul et par contre des sociétés ouvrières vraiment coopératives, éviter soigneusement de prendre un nom qui aurait pu indisposer des clients timorés. Regardera-t-on au but de la société, à la condition de ses membres ? Voilà des ouvriers de même profession qui s'unissent pour travailler ensemble, ils se formeront un capital comme ils pourront, choisiront un gérant et trouveront à placer leurs produits, dont ils se partageront le prix, déduction faite des frais généraux : c'est une société coopérative de production. Puis, à côté, des hommes de toutes professions trouvant exagérés les profits du boulanger ou de l'épicier, feront un fonds commun pour monter une boulangerie ou une épicerie, dont ils surveilleront la gestion, et qui doit leur procurer des denrées de bonne qualité, à des prix convenables : c'est encore une société coopérative, mais de consommation. Elle est fort différente de la première, puisque ses membres ne sont pas de même profession et ne travaillent pas ensemble. Même diversité des personnes dans les sociétes de crédit où les associés se font réciproquement le prêt et l'escompte, autre but bien distinct des deux précédents. Puis viennent les sociétés de construction formées entre gens qui désirent devenir propriétaires et n'ont pas assez d'argent pour faire bâtir une maison, ni de crédit pour en acheter une à terme. Ils obtiennent en s'associant et en répondant les uns pour les autres, ce qu'ils n'auraient pas en restant isolés. Il y a encore des sociétés coopératives pour l'achat en commun des matières premières, que les associés, tous artisans de même profession, travaillent en leur particulier ; puis à l'inverse des sociétés pour la vente en commun d'objets fabriqués isolément par les sociétaires.

Ces types divers de sociétés se mêlent parfois : les membres d'une

secrétaire au ministère de la justice à Vienne (Autriche) ; Hermann Ziller ; Hubert Brunard, avocat à Bruxelles ; Henri Lefort, avocat à Genève ; Vidari professeur à l'Université de Pavie, et à M. Ludlow, *Chief Registrar* des sociétés ouvrières anglaises.

société de production organiseront entre ceux d'entre eux qui le voudront une société de consommation ou bien l'inverse aura lieu. On a vu en Angleterre une société de consommation faire construire des maisons pour ses membres avec les bénéfices obtenus, si bien que les membres de cette société acquéraient un immeuble en mangeant comme faisait remarquer M. Ludlow. C'était une société de construction accolée à une société de consommation.

Dans chaque type encore on trouve de grandes diversités. Ainsi, il y a eu des sociétés de production qui ayant besoin de fonds assez importants, comme la société des maçons de Paris, qui a construit la nouvelle gare du chemin de fer d'Orléans et le quartier de l'Europe (32 maisons par suite d'un seul marché), avaient à côté des associés ouvriers, des associés capitalistes exerçant une profession quelconque, appelés néanmoins aux assemblées et prenant part aux bénéfices dans une certaine proportion. Ils fournissaient à la société le capital nécessaire comme d'autres fournissaient la main-d'œuvre.

Cette même société ayant plus de travail que n'en pouvaient faire ses membres, occupait des auxiliaires, c'est-à-dire des ouvriers travaillant pour elle comme ils auraient travaillé pour un patron. Telle société a fini par ne plus compter que quatre ou cinq membres occupant cinquante ouvriers : en quoi cette société coopérative différait-elle d'une société ordinaire d'entrepreneurs? Elle n'était plus coopérative, dira-t-on; à quel moment avait-elle cessé de l'être? A l'inverse, on a vu cent ouvriers s'associer pour fonder un atelier, cotiser tous pour faire un capital, et l'atelier s'ouvrait avec dix sociétaires, les autres, en attendant des places, restaient chez leurs patrons, mais continuaient à cotiser et prenaient part aux assemblées, faisaient acte en un mot d'associés véritables et aussi l'étaient-ils.

Il y a des sociétés de consommation anglaises qui ont construit des fabriques pour leur usage, mais en traitant les ouvriers qui y sont comme ouvriers ordinaires; elles sont patrons par rapport à eux, bien qu'on donne parfois à ces fabriques le nom très impropre de *Sociétés de production*. Bien plus, on peut citer telle société de production qui possède des ateliers où travaillent, sous la surveillance de quelques-uns des membres, de nombreux ouvriers qui n'ont aucune part aux avantages de la Société. Il y a des fabriques appartenant non à un seul patron, mais à des actionnaires exerçant des professions très diverses et parfois infinies, la différence entre elles et les sociétés coopératives que l'on vient de citer est assez difficile à marquer. On voit encore des banques populaires ou sociétés de crédit venir aux mains de quelques gros actionnaires et opérer comme banques ordinaires; elles cessent assurément d'être coopératives au sens que l'on donne à ce mot. Mais à quel moment cessent-elles de l'être et à quoi peut-on le constater?

A quel caractère donc reconnaîtra-t-on qu'une société est bien coopérative? Plusieurs propositions ont été faites. L'un de nos collègues, qui a pris, comme membre de la Chambre des députés de Belgique, une part importante à la loi votée dans ce pays, en 1873, M. Guillery, disait (1), qu'à son sens, la société coopérative était essentiellement ouvrière et composée de membres dénués de capitaux et n'ayant que leur valeur personnelle. « De grandes entreprises ne sont pas précisément des sociétés coopératives. Ainsi lorsqu'une société de cette espèce entreprendra des travaux, comme la gare d'Orléans par exemple, » il y aura toute présomption qu'on ne se trouve pas en présence d'une société vraiment coopérative et qu'il y a « une véritable fraude sous la forme adoptée. » Et cependant la société des maçons de Paris, à laquelle il est fait allusion, était bien une société coopérative sérieuse, fondée en 1849, par des ouvriers, qui avec beaucoup de peine, en avaient fait une maison importante, occupaient 800 auxiliaires et avaient des associés capitalistes, mais ne laissaient pas pour cela de travailler de leurs mains (ils étaient plus de quatre-vingts). Ils avaient donc cessé d'être société coopérative parce qu'ils avaient réussi et accru le chiffre de leurs affaires?

Puis les sociétés de production ne sont pas les seules coopératives, les sociétés de consommation ont droit au titre; elles sont même plus nombreuses que les premières; et il y en a qui ont pour membres, en Angleterre surtout, des personnes aisées et même riches; certains de leurs magasins sont luxueux. A quel degré exact de médiocrité faudrait-il s'arrêter pour rester coopératif? Les sociétés de crédit de Belgique et d'Italie ont presque toutes à leur tête des hommes riches et bienveillants à la fois, qui donnent leur temps et hasardent leurs capitaux d'une manière désintéressée; leur présence empêche-t-elle ces sociétés d'être coopératives?

On voit qu'il est impossible de définir la société coopérative et même de la décrire; c'est une difficulté que le législateur,

(1) Dans son commentaire sur *Les Sociétés commerciales en Belgique*, t. II, p. 87.

lorsqu'il veut faire des règles spéciales à l'égard de ces sociétés, trouve d'abord devant lui. On peut dire seulement que le caractère le plus apparent de ces sociétés est d'être à faibles capitaux et d'avoir un fonds et un personnel, mais surtout un personnel variables.

Il faut, ces observations faites, passer à l'examen des lois rendues dans les différents pays.

§ 1. — LA FRANCE.

C'est en France qu'a été érigée la première société coopérative, on me permettra donc de commencer par mon pays dont aussi la législation m'est plus familière, ce qui me permet d'en mieux indiquer les résultats.

Il n'y a pas en France de loi spéciale aux sociétés coopératives, le nom même ne se trouve pas dans nos lois; mais la loi du 24 mai 1867 contient un chapitre ayant pour titre : des sociétés à capital variable, qui a été rédigé à l'intention des sociétés coopératives et dont, en effet, elles font un fréquent usage.

Il existait des sociétés coopératives avec la loi de 1867, et elles étaient parfaitement légales, ayant pris les unes, la forme en nom collectif, les autres, la forme de commandite simple, d'autres enfin (des sociétés de consommation) la forme de sociétés civiles. Le gouvernement impérial avait fait préparer un projet de loi sur les « sociétés de coopération » qui excita un certain émoi parmi les sociétés coopératives de Paris, toutes sociétés de production. Les gérants de plus de quarante d'entre elles signèrent une lettre destinée à la publicité pour demander qu'on ne fît pas une loi spéciale à leur intention, qu'on se bornât seulement à améliorer la législation ordinaire; ils ne voulaient que « le droit commun. » C'est pour leur donner satisfaction que le projet de loi spéciale disparut pour faire place à un chapitre de la loi générale sur les sociétés de commerce que l'on préparait. Ce chapitre, qui fut voté avec le reste de la loi, offre aux sociétés « à capital variable » certaines commodités spéciales dont elles peuvent user ou non à leur volonté, le chapitre établissant des règles facultatives et n'obligeant personne (1).

(1) J'insiste sur ce point, bien qu'il soit absolument hors de doute, parce que l'erreur contraire qui veut que les sociétés coopératives soient obligées de prendre la forme de sociétés par actions et à capital variable, est

Ainsi les sociétés coopératives qui veulent garder ou même adopter la forme de sociétés en nom collectif ou de sociétés en commandite simple, le peuvent, et il y en a des exemples. Celles qui veulent être sociétés civiles, — et malgré l'incommodité que la jurisprudence a mis dans cette forme en déniant à ces sociétés le droit d'agir en justice comme société, il y en a assez qui la prennent pour éviter la patente et les frais de publication, — le peuvent aussi (1). Celles qui veulent être anonymes ont tout intérêt à être en même temps à capital variable. Le chapitre sur les sociétés à capital variable ne crée pas, en effet, une forme nouvelle et particulière de société, il modifie seulement, en quelques points, les règles ordinaires de la société par actions.

Les sociétés à capital variable peuvent diviser leur capital en action de 50 francs au lieu de 500 ou de 100 comme dans les sociétés ordinaires ; les associés de plus peuvent, en constituant la société, ne verser que le dixième de leur action, au lieu qu'ils sont obligés d'en verser le quart dans les autres sociétés ; ils peuvent enfin, sans publication, faire descendre leur capital jusqu'au chiffre indiqué dans les statuts et qui ne peut être inférieur toutefois au dixième du capital primitif. Le tout à la charge d'indiquer dans leurs documents : lettres, circulaires, etc., que la société est anonyme (ou en commandite par action, mais c'est une forme que l'on ne prend jamais) et à capital variable au chiffre de.... réductible à.... La loi a voulu aussi, pour empêcher les spéculateurs de prendre cette forme commode, qu'il ne fût pas possible de constituer une société à un capital supérieur à 200.000 francs, avec faculté de l'augmenter, mais non d'une somme supérieure à 200.000 francs par an. En fait, bien peu de sociétés coopératives commenceront avec 200.000 francs et auront la fortune de s'accroître annuellement de pareille somme. Les actions doivent rester nominatives, ce qui est très conforme à la nature de ces sociétés, et la responsabilité des actionnaires sortants pour les sommes qu'ils devraient encore sur leur souscription dure cinq ans.

assez répandue dans le public et aussi dans le monde officiel, ainsi qu'on en a eu la preuve, notamment lors de l'enquête de 1883 sur les associations ouvrières.

(1) Les sociétés de production travaillant pour vendre leurs produits sont forcément commerciales, les sociétés pour la vente en commun aussi ; les autres : sociétés de consommation, de prêt mutuel, de construction, d'achat de matières premières, peuvent être civiles si elles ne font affaire qu'avec leurs membres.

Ce sont les seules dispositions particulières aux sociétés à capital variable ; pour le surplus, elles doivent se conformer aux règles qui concernent les sociétés anonymes ordinaires. Ainsi, les statuts doivent être faits par acte notarié ou sous seing privé et il suffit de deux originaux. Mais notre loi n'a pas marqué comment seraient constatées les entrées et sorties des membres assez fréquentes pourtant dans les sociétés à personnel variable ; c'est une lacune qui ne se trouve pas, on le verra, dans les lois étrangères. L'administration est remise à un conseil de direction contrôlé par une commission de surveillance ; l'autorité appartenant en dernier ressort à l'assemblée générale.

Cette forme nouvelle, bien que peu convenable à la plupart des sociétés françaises, qui étaient, en 1867, des sociétés de production, leur plut, cependant, et nombre de sociétés de fondation assez récente, qui avaient pris la forme de commandite simple, s'empressèrent de devenir sociétés anonymes et à capital variable et c'est un exemple qui a été suivi depuis. On ne trouverait que bien peu de sociétés coopératives, qui, fondées depuis lors, et obligées par leur nature de prendre la forme commerciale, en aient pris une autre que celle de l'anonymat à capital variable. Les sociétés par actions pourtant sont faites pour grouper les capitaux et les sociétés coopératives sont surtout des sociétés de personnes, mais l'anonymat plaît pour diverses raisons. D'abord il permet de donner à la société une désignation à elle propre et toujours la même, tandis que les sociétés en nom collectif et en commandite sont désignées par le nom de leurs gérants, nom forcément variable et qui offre le grand danger que ces gérants, sortis de la société, emportent avec eux la clientèle ; car, malgré toutes les clauses contraires, on ne peut, à moins de leur faire une rente assez honnête, les empêcher de s'établir à leur compte. Cette raison est très légitime, les autres le sont moins.

C'est d'abord la commodité de changer souvent les directeurs. Lorsque le nom du gérant faisait partie de la raison sociale ou était à lui seul cette raison sociale, on évitait de le changer ; dans la société en commandite, ce changement était difficile parce que la responsabilité illimitée n'était pas facilement acceptée, et c'est ainsi que, même avec des statuts permettant les prompts changements, on avait de la stabilité dans la gérance ; j'ai connu un gérant soumis à la réélection annuelle et qui était en place depuis vingt-trois ans. C'était le bon côté d'une situation fâcheuse à d'autres titres. Avec l'anonymat le goût du changement ordinaire aux démocraties, à celles de l'atelier comme à celles du *forum*, fait souvent remplacer les administrateurs. On se figure aussi que plus ils seront nombreux et mieux les choses iront, alors que l'expérience montre tout le contraire. Mais le motif principal, celui qui détermine surtout les ouvriers, est le peu de responsabilité qu'ils encourent ainsi.

On pourrait croire que ces ouvriers qui ne sont guère saisissables appréhendent peu les suites de la solidarité; on se tromperait; dès qu'ils voient une porte ouverte pour éviter les conséquences de leurs actes, ils s'y précipitent et c'est une des raisons, la plus forte peut-être, qui les pousse vers l'anonymat. A la vérité, les associations de 1848 étaient toutes en nom collectif; elles pensaient, comme disait dans l'enquête de 1883 le gérant d'une Société qui, bien qu'elle fût récente avait pris cette forme, qu'il y a là « quelque chose de plus franc, de plus ouvert, de plus courageux; on ne craint pas de prendre la responsabilité de ses actes et de se donner pour ce que l'on est ». Mais c'est un esprit qui ne se trouve guère aujourd'hui, et si quelques sociétés ont pris depuis 1867 la forme anonyme parce qu'elles croyaient être obligées de le faire, il s'en trouve plus qui posent de suite cette question avant de rédiger leurs statuts : quelle est la forme légale où l'on encourt le moins de responsabilité ?

Dans l'enquête qui fut faite en 1883 par les soins du ministère de l'intérieur dans le but de savoir à quelles conditions les sociétés coopératives pourraient prendre part aux adjudications de travaux publics, on prit occasion de la présence des gérants et administrateurs de ces sociétés (sociétés de production uniquement) pour leur demander s'ils avaient quelque critique à adresser à la loi. Ils répondirent tous qu'ils ne connaissaient pas assez la loi pour en parler, mais qu'il y avait un point cependant sur lequel ils pouvaient réclamer, c'était les excessives charges fiscales auxquelles est soumise la constitution des sociétés.

Lorsque fut rédigé le projet qui devint la loi de 1867, ceux qui le firent, et le même esprit anima depuis ceux qui le votèrent, voulurent se montrer favorables aux sociétés coopératives, et ayant connu que ces sociétés sont formées ordinairement de petites gens peu munis d'argent, ils voulurent leur donner toute facilité de se fonder avec une faible somme ; il suffit que sept associés souscrivent des actions de 50 fr. et en versent le dixième, soit en tout 35 fr. Voilà assurément une commodité bien grande (trop grande même au regard de bien des sociétés), mais ni les membres du Conseil d'État ni les députés n'avaient songé que la société à capital variable était soumise aux formalités ordinaires de publicité exigées de toute société anonyme : dépôts au greffe, publication dans un journal d'annonces légales et que, dès 1867, le coût était de plus de 80 fr. (il a augmenté depuis avec l'accroissement des droits de timbre et d'enregistrement), c'est-à-dire plus que double du capital possible de la jeune société.

Ce n'est pas tout, et en 1883 les gérants se plaignaient de ce que leurs sociétés avaient dû payer ou 400 ou 500 fr., ou plus, de constitution légale; une, même, avait payé plus de 2.000 fr., et ils ajoutaient que ces gros frais venaient de l'intervention du notaire. A quoi le chef du bureau des associations professionnelles qui était commissaire à l'enquête, leur répondait : « Qu'aviez-vous besoin du notaire? Vous pouviez vous constituer par acte sous seing privé et éviter ces gros frais! » Il se trompait; l'intervention du notaire est forcée pour constater que le capital est souscrit en entier et que le dixième est versé. Intervention bien illusoire comme les dépôts au greffe et les publications actuelles, mais assurément très onéreuse. C'est ainsi que l'excès de la fiscalité et des précautions exagérées et vaines dans le fond, détruisent l'effet des bienveillantes dispositions du législateur. Ce n'est pas le seul exemple qui s'en trouve dans nos lois.

En somme, nos coopérateurs de France ne sont pas empêchés par la loi d'établir leurs sociétés. Ils peuvent, en prenant une autre forme que l'anonymat, éviter les lourdes dépenses du début, les plus grandes au moins, et je n'ai jamais vu une société sérieuse arrêtée ou dans sa constitution ou dans son fonctionnement par les difficultés légales. Les dispositions de ces lois sont en quelques points mal commodes, elles sont onéreuses on l'a vu, mais nullement prohibitives, comme l'est par exemple la législation sur les sociétés sans but lucratif. Il n'est donc pas exact de dire, comme on fait quelquefois, que si la coopération ne se développe pas plus en France, c'est à cause des obstacles qu'elle trouve dans la loi. Les hommes de bon vouloir et de travail qui ont de la fermeté et de la suite, une suffisante connaissance du métier avec de la discipline, réussissent très bien avec les lois actuelles; ceux qui n'ont pas ces qualités, ne réussiront pas même avec la législation la plus commode, car il n'y a pas de loi qui puisse remplacer le travail et la capacité dans les hommes.

Mais toutefois, comme la législation actuelle est très susceptible d'être amendée, que même elle pourrait l'être bientôt (1), il n'est pas inutile de signaler, parce qu'il ne l'est pas d'ordinaire, un détail très grave de cette loi.

L'article 52 porte que : « il pourra être stipulé que l'assemblée générale aura le droit de décider, à la majorité fixée pour la modification des statuts, que l'un ou plusieurs des associés cesseront de faire partie de la Société. » Les auteurs de la loi en y introduisant cette disposition ont cru être commodes aux sociétés coopératives ; ils avaient lu cette clause du droit d'exclure dans les statuts de nombre de sociétés et ils n'avaient pas pris garde que ces statuts ne permettaient que l'exclusion motivée, c'est-à-dire si telle ou telle cause d'indignité se rencontrait et qu'ainsi un recours était ouvert aux associés qui se prétendaient exclus à tort. Ils permirent l'exclusion sans motif, sans penser qu'avec la disposition actuelle des ouvriers, à donner à la majorité un pouvoir illimité, sans distinction du juste ou de l'injuste, dont la notion est chez eux très obscurcie, ils leur donnaient un instrument de tyrannie irrésistible, et c'est ce qui est arrivé. Voici un fait dont j'ai été témoin il y a quelques années et que je citerai comme exemple :

Les membres d'une société de production parisienne, ancienne pourtant et bien assise, sont convoqués en assemblée générale extraordinaire pour délibérer sur une proposition de changement aux statuts. Le changement proposé plaît à la majorité qui l'adopte malgré les raisons et protestations de la minorité formée surtout des anciens membres et fondateurs de la société. Comme il s'agissait d'un changement apporté aux dispositions essentielles des statuts, un des opposants, lésé pécuniairement, saisit la justice qui déclara nulle la décision de l'assemblée générale comme n'ayant pas été prise à l'unanimité. Les sociétaires sont réunis de nouveau et apprennent avec surprise que le tribunal s'est permis d'annuler un vote de la majorité. D'ailleurs, le remède est tout trouvé : les dissidents sont mis en demeure de choisir entre l'adhésion au sentiment de la majorité et l'exclusion. Quelques-uns votent de mauvaise grâce ce qu'ils considèrent comme funeste, les autres résistent et sont exclus sur-le-champ, ce qui procure

(1) La Chambre des députés a voté en juin 1889 un projet de loi sur les *sociétés coopératives* que l'on me permettra de ne pas examiner ici, d'abord pour ne pas allonger cette étude, puis parce que ce projet a déjà subi de tels changements qu'on doit s'attendre à d'autres et qu'on ne peut prévoir ce que sera la rédaction définitive.

l'unanimité exigée. C'est ainsi qu'une disposition qu'on avait cru seulement commode, est en effet injuste et oppressive, et méritait pour cela d'être marquée.

§ 2. — L'ANGLETERRE.

C'est l'Angleterre qui, en 1842, a vu naître la seconde société coopérative, il est donc juste de parler ensuite de ce pays. Mais, tandis que dans le nôtre ce sont les sociétés de production qui ont commencé et qui ont surtout paru dans les enquêtes publiques, en Angleterre, le mouvement a été différent et tout du côté des sociétés de consommation.

Lorsque s'établirent les premières sociétés, elles furent société *de fait*; leur constitution légale aurait été difficile, car la solidarité illimitée était alors le caractère habituel des sociétés anglaises à but lucratif; il fallait pour limiter la responsabilité des membres une disposition particulière du pouvoir public que ces petites sociétés ne pouvaient songer à obtenir. Or si la solidarité est convenable pour des ouvriers qui travaillent ensemble, se voient sans cesse et se connaissent bien, elle ne peut guère être acceptée de personnes de professions diverses, associées pour obtenir à bon compte des denrées alimentaires. Engager toute sa fortune en une pareille affaire serait peu sage; le risque à courir dépasserait trop l'utilité espérée.

Mais, dès 1850, une disposition de loi (18 et 14 Vict., c. 115, s. 2 [4]) déclarait la législation relative aux *Friendly Societies* applicable aux sociétés « qui se proposent des achats en vue d'arriver à l'économie » : c'était assez désigner les sociétés coopératives de consommation. Ces *Friendly Societies* sont nos sociétés de secours mutuels. Voilà qui est fait pour surprendre des Français; comment les dispositions légales qui concernent des sociétés d'assistance seraient-elles applicables à des sociétés qui se proposent d'acheter pour revendre à leurs membres? Elles le sont pourtant; c'est le génie de la législation anglaise, on va en avoir la preuve. Au reste une loi spéciale aux sociétés coopératives fut, malgré leur situation alors bien humble, rendue deux ans après (*Act.* de 1852, 15 et 16, Vict., c. 31) sous le nom de loi sur les *Industrial and Provident Societies* (littéralement sociétés d'industrie et de prévision). C'est le nom légal qui a toujours désigné les sociétés coopératives, bien que ce dernier mot soit le mot usuel et qu'il soit d'origine anglaise ; car c'est de là qu'il nous est venu. Cet *Act* de 1852 a été remplacé en 1876 par un autre *Industrial and Provident Societies Act*, encore en vigueur aujourd'hui.

Il ne faudrait pas croire toutefois que les dispositions de cet *Act* fussent obligatoires pour les sociétés coopératives ; c'était une commodité qu'on leur offrait, ce n'était pas une contrainte qu'on leur imposait. « Dans le fouillis plein de vie de la législation anglaise, écrit un anglais particulièrement compétent, M. Ludlow, dans un très intéressant et instructif rapport, fait au *Congrès des associations de prévoyance* en 1878, il est rare de trouver des catégories nettement définies. Les institutions ne portent guère leur étiquette au cou. Les mêmes choses ne se font pas forcément de la même manière ; on peut souvent employer deux ou trois formes différentes pour obtenir le même résultat. »

Ainsi ceux qui, en Angleterre, veulent fonder une Société, peuvent choisir entre les diverses formes légales, à la seule condition de se conformer aux prescriptions de la loi qu'ils ont choisie et d'avoir un objet qui réponde suffisamment aux indications de cette loi. Ils ont à opter entre deux types principaux : les sociétés de capitaux, les *Companies*, comme on les appelle, et les sociétés de personnes, dont les *Industrial and Provident Societies* sont une des principales.

Les *Companies* sont, ou bien à responsabilité illimitée ou bien *limited*, c'est-à-dire que l'on est engagé seulement pour le montant de sa souscription. La première forme ne convient guère aux sociétés coopératives de consommation, les seules presque qui existent en Angleterre (avec les sociétés de construction). Au contraire, la forme *limited* leur convient fort et un assez grand nombre de ces sociétés l'ont choisie. C'est du reste cette forme qui, depuis la loi de 1862, laquelle a introduit dans la législation anglaise la responsabilité limitée, est, en matière de société, le droit commun.

Il suffit, pour se constituer en *Company*, de former un groupe d'au moins sept personnes et de déposer ses statuts écrits au bureau d'un fonctionnaire spécial, résidant à Londres (il a des *assistants* ou agents à Glasgow et à Dublin) et nommé le *Registrar*, lequel examine ces statuts et s'il les trouve conforme à la loi, délivre à la Société un certificat d'enregistrement qui établit sa légalité et lui sert de titre.

Le capital doit être divisé par actions, mais dont les associés fixent le montant à leur volonté (il y a des actions d'une livre

(25 fr.) et il peut y en avoir de moins) et sur lesquelles ils ne sont tenus de faire aucun versement lorsque commence la société. Ces actions toutefois sont nominatives jusqu'à leur libération.

La constitution de la société n'est soumise à aucune sorte de publicité ressemblant à la publication d'un extrait des statuts dans un journal d'annonces légales exigée par la loi française. Dans les documents émanés d'elle, la société est tenue d'indiquer qu'elle est *limited*, mais sans être obligée de faire connaître le montant de son capital.

Les administrateurs peuvent être pris parmi les membres de la société ou en dehors, rétribués ou non, et ils ne sont pas tenus de posséder une seule action. La disposition de notre loi qui veut que ces administrateurs aient un certain nombre d'actions, lesquelles sont inaliénables, etc., surprend fort les Anglais. Ils tiennent ces précautions pour inutiles avec des administrateurs honnêtes et estiment que les actionnaires sont assez intéressés à n'en pas choisir d'autres. Ils permettent même à leurs administrateurs de passer des marchés avec la société.

Mais s'ils se montrent larges de ce côté, ils ont, en revanche, organisé le contrôle avec un soin que notre loi n'a pas eu. Le ministre du commerce (*Board of trade*) peut, sur la demande d'un certain nombre de sociétaires (un tiers ou un cinquième suivant la nature de la société), nommer un ou plusieurs inspecteurs chargés d'examiner les livres de la société. Ces inspecteurs sont pris d'ordinaire dans la corporation si considérée en Angleterre des *accountants* ou experts volontaires, qui se recrute elle-même, mais exige pour l'admission des conditions de capacité et de probité qui ont fait la réputation de cette libre compagnie. Les livres et papiers de la société doivent être mis à leur disposition et le rapport qu'ils rédigent est soumis à l'assemblée générale réunie exprès.

Toute société doit avoir au siège social, un registre portant le nom des actionnaires avec l'indication du capital que possède chacun d'eux. Ce registre est à la disposition des actionnaires et il peut, moyennant 1 schilling (1 fr. 25), être consulté par tout requérant. La société, du reste, est tenue d'envoyer chaque année au *Registrar* la liste des actionnaires avec mention du montant de leur capital.

La loi anglaise ne porte pas obligation d'employer une portion des bénéfices à constituer un fonds de réserve, ni de mettre en débat la question de dissolution de la société, lorsqu'une certaine partie du capital social est perdue.

Une disposition qui n'existe point dans nos lois, permet à toute société de diminuer son capital, mais seulement par un jugement rendu contradictoirement avec les créanciers de la société ou ceux dûment appelés.

La responsabilité des associés sortants dure un an.

Telles sont les dispositions légales que nombre de sociétés coopératives ont trouvé suffisamment commodes pour les adopter et s'en servir. D'autres ont suivi la loi, faite spécialement à leur usage, sur les *Industrial and Provident Societies*. Nous arrivons ici aux sociétés du second type, celui qui a eu en vue les sociétés de personnes par opposition aux sociétés de capitaux.

Elles se groupent autour d'un *Registrar* spécial qui a des pouvoirs supérieurs à ceux du *Registrar* ordinaire et comprennent les *Friendly Societies* (sociétés de secours mutuel), les *Trade-Unions* (associations professionnelles), les *Industrial and Provident Societies*, les *Building Societies* (sociétés de construction) et les *Loan Societies* (sociétés de prêt). Laissons de côté les associations professionnelles, qui ont un caractère tout spécial. Le gouvernement anglais, en 1875, avait soumis au Parlement un projet de loi devant s'appliquer à toutes les sociétés, coopératives et de secours mutuel, qui ainsi auraient été régies par une seule disposition. Des raisons toutes particulières et qui ne touchaient point à l'intérêt bien entendu des sociétés en cause, ont fait restreindre le projet aux seules sociétés de secours. L'année suivante, en 1876, fut votée une loi spéciale aux *Industrial and Provident Societies*, laquelle se rapproche très fort de la loi sur les *Friendly Societies*, rendue l'année précédente et est actuellement en vigueur. Les coopérateurs peuvent, en outre, se servir de deux lois spéciales et antérieures à 1875 : la loi sur les sociétés de construction (*Building*) et la loi sur les sociétés de prêt (*Loan*). Mais telle est la commodité de la loi anglaise, que même pour faire le prêt et construire des maisons, une Société peut se constituer comme *Industrial and Provident* ou comme *Company* ordinaire, et il y en a des exemples nombreux.

La loi sur les *Building Societies*, qui est de 1836, refaite en 1874 et 1877, ne remplit pas l'objet que son titre semble promettre ; c'est, en effet, une loi sur le crédit foncier et pour permettre à des sociétés de prêter sur garantie immobilière. Ces sociétés ont été et sont encore utiles à de petites gens qui désirent être propriétaires et n'y peuvent arriver que par le moyen des *Building*. Ils cotisent, pour avoir les fonds nécessaires à l'achat d'un *cottage* ou d'un terrain sur lequel on bâtira ; la propriété est adjugée à l'un des associés qui, en continuant de cotiser, paie son acquisition par annuités, sa propriété servant de garantie jusqu'à entier paiement. Mais à côté sont des sociétés qui ne font qu'avancer de l'argent sur hypothèque, à ceux qui veulent devenir ainsi propriétaires. Elles se servent également de cette loi, qui ainsi profite aussi bien à des sociétés financières qu'à des sociétés coopératives proprement dites.

Ce caractère est plus marqué encore dans la loi sur les *Loan Societies*, loi déjà ancienne relativement et qui, suivant la remarque de M. Ludlow, sert aussi bien aux usuriers associés (il suffit d'être trois) qu'aux coopérateurs. Cette loi, en effet, accorde de nombreuses facilités pour faire le prêt : dispenses de timbre et d'enregistrement, irresponsabilité des sociétaires, faculté de réclamer un intérêt de 12 p. 100 par an, « privilèges énormes qui ne sont compensés par aucune sauvegarde en faveur de l'emprunteur ». La seule restriction est que les prêts faits ne peuvent dépasser 15 livres à la fois pour la même personne. On voit que cette loi n'est nullement faite en vue des seuls coopérateurs, mais c'est le caractère de la législation anglaise.

Pour ce qui concerne les *Industrial and Provident Societies*, la loi du 11 août 1876, débute ainsi : « Les sociétés qui peuvent être enregistrées sous cet *Act*, sont celles qui se proposent de travailler, acheter, vendre et dont les membres n'auront pas un capital actionnaire supérieur à 200 livres (5,000 fr.). » Le préambule de la loi, car les lois anglaises sont précédées d'une sorte de *considérants* analogues avec plus de brièveté au préambule des ordonnances de nos anciens rois, portait : « Comme il y a utilité à mettre la loi sur les *Industrial Societies*, d'accord en quelques points avec la loi sur les *Friendly Societies* » et par là il indiquait que l'on se proposait la loi de 1875 comme un modèle à suivre et ainsi a-t-il été ; les deux lois se ressemblent fort.

L'acte social peut être fait sous seing privé et il doit être porté au *Registrar* qui l'examine et ne l'accepte que s'il est conforme à la loi. S'il refuse, les associés peuvent appeler de sa décision devant les tribunaux qui prononcent. Toutes modifications aux statuts doivent être enregistrés de la même manière que l'acte initial.

Ce même *Registrar* peut, avec l'approbation du trésor royal, suspendre une société pendant trois mois et renouveler cette suspension. Il peut, avec la même approbation (le trésor royal remplit ici un rôle de contrôleur en matière de finance), annuler (*cancelling*) une société inscrite s'il estime que l'enregistrement de

2

la société a été obtenu par fraude, erreur, ou que la société poursuit un but illégal, ou si elle a sciemment et après avoir été avertie par lui, violé les dispositions de la loi. Ce pouvoir du *Registrar* nous surprend ; nous n'avons pas son analogue dans notre législation et aussi ne pourrions-nous pas l'avoir actuellement, car le *Registrar* anglais est un légiste et un économiste à la fois, ayant de la pratique, bien instruit par conséquent de la situation des sociétés ouvrières ou autres et des lois qui les règlent : il est choisi pour sa capacité technique et nullement par politique. Sa situation est indépendante et il est pour les sociétés, surtout pour les sociétés ouvrières, un conseil et un guide bien plus qu'un fonctionnaire destiné à remplir quelques formalités inflexibles. Sa situation morale est telle que la loi même permet aux sociétés de mettre dans leurs statuts une clause portant que les différends qui surviendraient entre la société et quelqu'un de ses membres seront tranchées souverainement par le *Registrar*. Et, en effet, le *Chief Registrar* actuel des *Friendly Societies* (on se souvient qu'il y en a un autre pour les *Companies*), exerce depuis des années déjà cette fonction délicate, et sa situation est si bien au-dessus de la discussion, son rôle est si utile, que la tendance est d'accroître ses attributions plutôt que de les restreindre.

Il faut pour former une *Industrial Society* être sept associés au moins, prendre une désignation anonyme, qui n'emporte pas confusion avec celle d'une autre société déjà existante, inscrire dans ses statuts les dispositions prévues par la loi et qui comportent le mode d'admission et de sortie des associés, de versement du capital, de distribution des profits, d'administration de la société, de liquidation, de dissolution, etc. Tout cela peut être réglé comme l'entendent les associés, mais doit l'être. La disposition de la loi qui énumère ainsi ce qui doit se trouver dans tout acte de société est une sorte de monitoire à l'usage de gens réputés — avec raison — peu instruits des questions légales ; elle ne se trouve pas dans la loi française, on verra qu'elle se rencontre au contraire dans les diverses législations étrangères.

Les actions sont *transférables* ou *retirables*, c'est-à-dire qu'au premier cas le capital social est fixe, tout sociétaire qui veut se retirer doit trouver pour ses actions un preneur, tandis qu'au second cas il peut en réclamer le remboursement. D'ordinaire, les sociétés commencent avec des actions *retirables* et puis, lorsqu'elles se développent, ces actions deviennent *transférables*. Souvent aussi le chiffre de 200 liv. st. comme part *maximum* de chaque associé devient trop faible, la société alors se transforme en *company;* un article de la loi de 1876 prévoit et règle cette transformation.

L'*Industrial Society* plaide et possède en son nom, avantages que n'ont pas (le premier au moins) nos sociétés civiles. Elle doit indiquer sur ses factures, etc., qu'elle est société *limited* tout comme les *companies*. Elles peut, lors même qu'elle n'a que des actions transférables, réduire son capital en observant les mêmes exigences. Elle a même liberté pour régler le mode d'administration; chaque année un *accountant* ou deux personnes désignées par les statuts examinent la comptabilité et en font un rapport à l'assemblée générale. Le *Registrar* peut, de plus, sur la demande d'un certain nombre de membres (le cinquième ou le dixième, suivant les sortes de sociétés), commettre un inspecteur pour examiner les livres et en faire un rapport, lequel sera soumis à l'assemblée générale que le *Registrar* peut réunir d'urgence. Le droit d'examiner les livres appartient du reste à tout membre ou à toute personne ayant un intérêt dans la société.

Un bilan doit être dressé annuellement suivant des formes indiquées par la loi et copie en est envoyée au *Registrar*. La société doit délivrer à tout requérant copie de ses statuts, moyennant 1 schilling au plus. La responsabilité des actionnaires sortants dure un an. Disposition spéciale : le *Registrar* fait publier dans la *Gazette* de Londres et dans quelques autres journaux à son choix mention de l'annulation (*cancelling*) ou dissolution de toute société.

On le voit, ce sont presque les règles de la société anonyme ordinaire. La loi seulement, considérant que les *Industrial* sont des sociétés à faibles capitaux, a édicté pour elles quelques dispositions particulières, que l'on vient de voir. Elles les dispense, de plus, de l'*income tax*, mais non des droits de timbre et d'enregistrement, dont sont exemptes les *Friendly Societies* (1).

§ 3. — L'ALLEMAGNE.

L'Allemagne est, par ordre de date, le troisième pays qui ait eu des sociétés coopératives. Mais ces sociétés n'ont pas trouvé, au

(1) Une communication gracieuse de M. Ludlow me permet de rectifier quelques indications concernant les sociétés anglaises : I. La faculté de prendre pour arbitre le *Registrar* est spéciale aux *Building Societies;* les *Industrial* ne peuvent le choisir que dans les conditions où elles prendraient

point de vue légal, les commodités que les sociétés de même sorte avaient rencontré, on l'a vu, en France et en Angleterre. La personnalité civile leur était refusée, si bien que leurs caissiers (le mouvement coopératif s'est développé en Allemagne, surtout du côté des banques populaires ou sociétés de crédit, alors qu'en France il avait donné des sociétés de production et en Angleterre des sociétés de consommation), étaient obligés d'opérer en leur propre nom en donnant seulement à la société une contre-lettre dont la valeur en droit aurait été fort discutable, ou bien de se munir d'une procuration de tous les associés. « Quiconque connaît le droit allemand, écrivait en 1867 M. Reitlinger (2), saura apprécier les tracasseries qui résultaient pour les sociétés coopératives de cette situation. » Aussi, le promoteur du mouvement en Allemagne, M. Schulze-Delitzsch, désirait fort une loi nouvelle à l'usage de ces sociétés. Lorsqu'il fut devenu député, grâce à la réputation que lui valut le développement des sociétés par lui fondées, et encore député influent, il mit tout en œuvre pour obtenir cette loi nécessaire, et y parvint. Elle fut presque dictée par lui; aussi avait-il des connaissances juridiques : il avait été avocat et pendant quelque temps magistrat. « C'est une grande victoire pour notre cause, » écrivait-il lorsque la loi fut enfin votée.

Cette loi, qui porte la date du 27 mars 1867, était faite seulement pour la Prusse; elle fut étendue le 4 juillet 1868 (si bien qu'elle a presque deux dates) à la Confédération du Nord tout entière, en attendant qu'elle devînt loi de l'Empire nouvellement établi. Elle fut en 1868 augmentée de quelques dispositions nouvelles.

Elle n'avait point pour titre : Loi sur les sociétés coopératives, mais loi sur les *genossenschaften*, ce qui désigne des sociétés de personnes, des sociétés où le lien entre les membres est plus étroit et plus intime que dans les sociétés de capitaux. La traduction exacte serait : Loi sur les compagnonnages, si le mot n'avait

tout autre arbitre; II. La révision des bilans de société par un *accuntant* n'est vraiment pratiquée que dans les sociétés du groupe des *Friendly* (où sont comprises les *Industrial and Provident*). Pour les *companies*, cette mesure bien qu'écrite dans la loi (c'est là qu'elle a été prise lorsqu'on a rédigé les lois sur les *Friendly* et autres sociétés analogues), est, en effet, tombée en désuétude; III. Il ne faudrait pas considérer la charge du *Registrar* des *Friendly* comme une sorte de démembrement de l'office du *Registrar* des *companies* ordinaires. Les deux situations sont absolument indépendantes, et celle du *Registrar* des *Friendly* est de beaucoup la plus importante des deux.

(2) *Les sociétés coopératives en Allemagne*, Paris, 1867.

en France un sens absolument spécial. Elle commençait ainsi : « Des sociétés formées d'un nombre indéterminé de membres et ayant pour but de pourvoir par des affaires menées en commun au crédit, à l'industrie, à la subsistance de leurs membres, notamment : 1° les sociétés d'avance et de crédit ; 2° les sociétés de matières premières et de magasinage ; 3° les sociétés pour la fabrication et pour la vente en commun des produits fabriqués ; 4° les sociétés pour l'achat en gros et la revente en détail *aux membres de la société* des objets nécessaires à la vie ; 5° les sociétés, pour la construction de logements au profit de leurs membres, acquièrent les droits stipulés dans la présente loi aux conditions suivantes. »

La loi était donc facultative : elle ne contraignait pas. Les conditions à remplir étaient : un acte écrit ; comme la loi anglaise la loi allemande énumérait ce que devait contenir cet acte ; une raison sociale anonyme ; l'enregistrement des statuts au greffe du tribunal de commerce sur un registre spécial dit « registre des sociétés », avec publication d'un extrait. La même formalité du dépôt et de la publicité se répétait à tout changement aux statuts.

Le mode d'entrée et de sortie des sociétaires était fixé par les statuts, mais on ne pouvait faire obstacle au droit qu'a tout sociétaire de se retirer. Si rien n'avait été dit dans les statuts, la retraite ne pouvait avoir lieu qu'à la fin de l'année commerciale et après avis donné quatre semaines à l'avance. L'exclusion d'un associé était permise, mais aux conditions marquées par les statuts. Cette exclusion pouvait être exigée par tout créancier d'un associé qui avait en vain discuté les biens de son débiteur et cela pour profiter de la part d'actif qui devait lui revenir.

La société était administrée par un conseil de direction dont les membres donnaient leur nom et leur signature au greffe du tribunal de commerce. Puis on trouvait dans la loi une disposition bien particulière : toute restriction mise aux pouvoirs des administrateurs comme représentant la société est nulle vis-à-vis les tiers.

Il n'y avait de conseil de surveillance que si les statuts jugeaient à propos d'en établir un.

Chaque année la direction remettait au tribunal de commerce une liste des membres de la société. Elle devait, en outre, faire connaître à ce tribunal au cours de l'année les entrées et les sorties, afin que la liste y existante pût être tenue au courant. Cette liste, comme le registre du commerce, reproduisant les statuts, était communiquée à tout requérant.

Moyennant ces conditions la société était personne morale ; elle pouvait posséder, ester en justice, etc. Mais ce qui faisait l'essentiel de la loi de 1867 est qu'elle n'admettait pour les sociétaires qu'une sorte de responsabilité : la responsabilité solidaire. M. Schulze-Delitzsch avait tenu à cette disposition plus qu'à toute autre : la solidarité était, à ses yeux, la condition absolue du succès des sociétés coopératives. Il invoquait l'expérience pour justifier cette opinion qui pouvait sembler extrême. En effet, les premières sociétés fondées par lui étaient à responsabilité limitée et elles avaient échoué ; il avait pu décider de nouveaux membres ou les membres anciens à accepter ce principe de la solidarité qui oblige à se bien choisir et rend chaque associé singulièrement attentif au succès de l'œuvre commune, et les sociétés fondées sur cette base avaient prospéré comme aussi presque toutes celles qui, depuis, s'étaient établies d'après le même principe.

Cette obligation toutefois avait été adoucie par la loi. Ainsi, la faillite de la société, contrairement à ce qui a lieu dans notre pays pour les sociétés en nom collectif, n'entraînait pas celle des associés ; leurs noms ne paraissaient pas dans le jugement. Les créanciers de la société n'avaient action contre ses membres qu'après avoir épuisé l'actif social ; il fallait, d'après une disposition ajoutée en 1868 au texte primitif, celui de 1867, que la faillite fut close et la liquidation achevée. De plus et pendant la liquidation le syndic dressait un état des sommes qui vraisemblablement resteraient à recouvrer sur les membres et il divisait entre ces derniers la somme ainsi due en tenant compte des insolvables présumés. Il faisait, après débat par les associés, approuver ce tableau par le tribunal de commerce qui le rendait exécutoire.

On voit que, dès la loi rendue, la tendance avait été d'adoucir la rigueur de sa disposition principale. Cette tendance se retrouvait encore plus marquée dans la loi bavaroise de 1869 sur les *genossenschaften* (loi qui depuis a cessé d'avoir effet lorsque la Bavière est entrée dans le nouvel empire), qui admettait la responsabilité limitée des sociétaires ; elle a enfin abouti à la nouvelle loi d'empire du 1er mai 1889.

Le titre exact de cette loi : Loi sur les *Erwerbs und wirthschaftsgenossenschaften*, associations (avec le sens qu'on a vu qu'avait ce mot) de commerce et d'industrie, se rapproche donc de celui de la loi anglaise : *Industrial and Provident Societies*. Elle est applicable aux sociétés pour qui était faite la loi de 1868, et en donne dans son article premier la même définition. Mais le second article marque de suite la différence et la nouveauté en reconnaissant trois types de *genossenschaften* : 1° à solidarité illimitée, comme notre société en nom collectif; 2° à solidarité illimitée, les associés n'étant tenus toutefois qu'après discussion par les créanciers de l'actif social : c'est le système suivi par la loi de 1868 ; 3° à responsabilité limitée.

Cette loi est d'une longueur qui fait contraste avec la brièveté de la nôtre sur le même sujet; elle ne comprend pas moins de 172 articles, souvent fort longs, et il y faut joindre un *règlement* du 11 juillet 1889 qui la complète et ajoute à son texte 40 articles nouveaux. Elle est beaucoup plus détaillée que celle de 1868 et en diffère par plusieurs côtés.

Ainsi elle veut que la société compte sept membres au moins; comme précédemment la désignation doit être anonyme et le contrat fait par écrit. Les sociétés de consommation ne doivent, comme dans la loi de 1868, vendre qu'à leurs membres, disposition rigoureuse, car la vente au public existe dans tous les pays qui ont des sociétés coopératives, et on y trouve deux avantages : le premier est d'aider la société à ses débuts; elle a parfois peu de membres et aurait peine à se soutenir si elle ne vendait au dehors; le second avantage et plus grand est que par là on aide au recrutement de la société. Les acheteurs deviennent souvent des clients pour avoir part aux dividendes et aux remises; il y a même des sociétés qui accordent à tout acheteur une part dans les bénéfices, mais portent ceux des acheteurs étrangers à un compte spécial destiné à former le montant d'une action et à les engager ainsi davantage. La loi allemande ne le permet pas. Elle exige aussi que les sociétés de crédit ne fassent de prêts qu'aux membres de l'association, en ajoutant toutefois : « Cette prohibition ne s'applique pas aux prêts qui n'ont pour but que le placement des fonds de caisse. »

Une disposition nouvelle et qui se comprend peu est que les statuts de toute société (même à responsabilité illimitée) doivent indiquer le montant des parts sociales et la proportion des versements à faire dès le début; on ne peut verser moins du dixième de chaque part.

En voici une autre qui n'est pas moins singulière, c'est que les associés ne peuvent avoir plus d'une part chacun dans les sociétés à responsabilité illimitée. On comprend mieux par contre cette troisième exigence de la loi que dans les sociétés à responsabilité limitée, nul ne peut obtenir une seconde part si la première n'a été libérée.

Le montant des parts est d'ailleurs fixé à volonté par les statuts.

Ces dispositions ont obligé les sociétés du type *Raffeisen* (ce sont des sociétés de prêt fondées exclusivement entre agriculteurs, et toujours à responsabilité illimitée; elles tirent leur nom de leur fondateur), qui n'avaient avant aucun capital, et prêtaient à leurs membres l'argent qu'elles empruntaient sous la garantie solidaire de tous, d'en constituer un. Elles ont fixé les apports de chaque membre à 10 marcks (12 fr. 50).

D'après une autre disposition de la loi, on ne peut devenir et rester membre d'une société que si l'on a son domicile dans « une circonscription déterminée » que désignent les statuts.

Comme l'ancienne loi, la nouvelle énumère ce que doivent contenir les statuts sociaux; elle exige le dépôt de ces statuts avec la liste des membres et le nom des administrateurs au tribunal de la circonscription. Mais au lieu d'être comme avant une partie du « livre de commerce » destiné à inscrire toutes les sociétés, le livre destiné aux *Genossenschaften* sera un registre à part. Le règlement de 1889 entre dans les plus minutieux détails sur la manière de le tenir. Il devra toujours être à jour par l'inscription de tous changements survenus dans les statuts ou dans le personnel de la société. Ce sont les administrateurs des sociétés qui sont, sous leur responsabilité, tenus de les faire connaître aussitôt qu'ils se produisent. Le public est admis à consulter le registre et à s'en faire délivrer des copies.

Un extrait des statuts et des modifications qui y sont ensuite apportées est publié avec le nom des administrateurs, mais par les soins du tribunal, disposition bien différente de celle de notre loi qui met ces publications à la charge des fondateurs de sociétés.

Puis on trouve, non dans la loi, mais dans le règlement sur la tenue du registre du tribunal (art. 15) la disposition suivante qui est bien nouvelle : « Avant l'inscription des statuts d'une association le tribunal vérifiera si ces statuts répondent aux prescriptions légales, notamment si les buts de l'association qui y sont désignés sont en harmonie avec les dispositions du § 7 de la loi. » Il doit vérifier de même si toute nouvelle adhésion signalée par les administrateurs a été valablement donnée; ce qui seulement limite les attributions du tribunal est que sa vérification ne s'étend pas à la question de l'authenticité de la signature. C'est donc un pouvoir analogue à celui du *registrar* anglais que la loi allemande de 1889 confère aux tribunaux.

Comme en Angleterre, c'est seulement après son inscription au registre que la société sera légalement constituée, alors que d'après la loi de 1868, la légalité de la société ne dépendait pas de son inscription.

Une fois la société constituée, chaque adhésion est constatée par une déclaration écrite, laquelle est adressée au tribunal qui la conserve (chaque société a sa page sur le registre et son dossier à part) et avise de sa réception la société et le nouveau membre.

Tout associé peut se retirer, mais à condition de prévenir par écrit trois mois au moins à l'avance.

Les statuts peuvent stipuler un délai plus long, mais n'excédant pas deux ans; toute convention contraire est nulle. Comme dans la première loi, le créancier qui a un titre définitif contre un sociétaire et a vainement saisi ses biens peut, pour être payé, exercer le droit de son débiteur et dénoncer sa retraite. La société a droit d'exclure ceux de ses membres qui auraient encouru la perte de leurs droits civils, qui seraient membres d'une société analogue ou enfin pour tout autre motif inscrit aux statuts (mais non pas sans motif comme le permet la loi française).

L'associé sortant a droit à sa part de l'actif d'après le dernier bilan; il n'a aucun droit sur le fonds de réserve. La part lui revenant doit lui être payée dans les six mois. Tout sortant peut, si les statuts n'y contredisent, céder sa part soit à un ancien associé, soit à un nouvel admis. Mais si l'association est dissoute dans les six mois qui suivent la sortie d'un sociétaire, cette sortie sera considérée comme non avenue.

Tout décédé est réputé associé jusqu'à la fin de l'année statutaire; il est représenté par ses héritiers.

La responsabilité des associés sortis dure deux ans.

La société qui a rempli les conditions de cette loi est personne civile et de plus réputée commerçante.

On peut noter en passant que l'obligation imposée par la plupart des législations aux sociétés d'inscrire dans tous documents émanés d'elles, l'indication de leur qualité légale ne se rencontre pas dans la loi allemande de 1889.

Cette loi porte encore cette disposition particulière que nulle distribution de dividende n'est licite tant que les pertes du capital social — s'il en est survenu — n'auront pas été réparées. C'est une mesure de prudence imposée aux sociétés. Une suite du même esprit a fait mettre dans la loi que les statuts peuvent décider que les bénéfices ne seront pas distribués pendant un temps qui ne devra pas excéder dix ans, mais cette durée peut toujours être prorogée.

Comment les sociétés sont-elles administrées? Par une Direction composée de deux membres au moins et dont la signature (elle doit être donnée au tribunal au préalable) oblige la société. La loi de 1889 a conservé la disposition de la loi précédente portant que si la Direction est tenue envers l'association de se renfermer dans les limites que les statuts ou les décisions de l'assemblée générale lui ont marquées, à l'égard des tiers les restrictions apportées au pouvoir qu'a cette Direction de représenter la société, n'ont point d'effet légal.

La loi de 1868 n'imposait pas de conseil de surveillance, et le défaut de contrôle s'était fait sentir, la loi de 1889 y a pourvu : elle veut qu'un conseil de surveillance composé de trois membres au moins soit nommé chaque année par l'assemblée générale. Ses attributions sont même singulièrement étendues. Non seulement il « surveille la gestion de la société dans toutes les parties de l'administration, et se tient, dans ce but, au courant de la marche des affaires » ; non seulement il peut demander à la Direction un rapport exprès et se faire montrer tous les livres et documents, il peut approuver tout crédit accordé par l'association à un membre de la Direction, il représente la société dans tout contrat passé entre elle et les membres de cette Direction, mais il peut, s'il le juge à propos, relever provisoirement de leurs fonctions des membres de la Direction jusqu'à décision de l'assemblée générale qui sera convoquée sans retard et prendre les mesures nécessaires pour la continuation provisoire des affaires. Il lui est même loisible de désigner un de ses membres pour remplacer le membre de la Direction écarté, et ce jusqu'à décision de l'assemblée générale.

Les membres du conseil de surveillance peuvent être payés; il leur est seulement interdit de recevoir une rétribution proportionnée au chiffre des affaires faites. La responsabilité d'ailleurs est sérieuse. S'ils n'apportent pas à leurs fonctions la diligence d'un « bon homme d'affaires », ils sont personnellement et solidairement tenus envers la société. Ils sont notamment tenus envers elle des distributions de dividendes fictifs auxquelles ils ne se seraient pas opposés.

La loi de 1889 a de plus introduit la pratique anglaise de la révision des comptes par un expert étranger. Elle décide que tous les deux ans un expert nommé par le tribunal, du consentement de l'autorité administrative, mais sur réquisition de la société, examinera les livres et fera un rapport qui devra être mis à l'ordre du jour de la première assemblée générale. Les honoraires du *révi-*

seur sont, en cas de contestation, taxés comme frais par le tribunal. Les sociétés peuvent, dans de certaines conditions marquées, former entre elles des *Unions* qui auront alors le droit de choisir leurs *réviseurs*.

Le pouvoir définitif appartient, en matière d'administration, à l'assemblée générale. Chaque sociétaire y a une voix et nul ne peut voter par mandataire, à moins qu'il ne s'agisse de corporations ou des femmes, si les statuts défendent à ces dernières l'accès des assemblées générales. Il faut faire observer en passant que les femmes ne peuvent, aux termes de la loi allemande, « en ce qui concerne les engagements leur incombant en qualité de membres de la société, se prévaloir du bénéfice établi en leur faveur par des États particuliers. »

L'assemblée générale a des pouvoirs étendus : outre le soin d'approuver les bilans annuels et de nommer les membres de la Direction et du conseil de surveillance, elle détermine (§ 47) le montant *maximum* des versements que la société peut recevoir à titre de prêt ou comme dépôt d'épargne. Il faut, pour comprendre l'importance de cette disposition, se souvenir que les sociétés allemandes, qui sont surtout des sociétés de prêt ou de crédit, opèrent bien plutôt avec un capital emprunté qu'avec un capital fourni par leurs membres. La solidité que présente la garantie solidaire de ceux-ci fait que les sociétés coopératives trouvent facilement à emprunter et recueillent même souvent les petites sommes qui, en France, vont à la caisse d'épargne, c'est-à-dire aux mains de l'État. L'assemblée générale marque aussi les limites à observer en ce qui concerne les crédits à accorder aux sociétaires.

Elle peut, même dans les sociétés à responsabilité limitée, décider (si les statuts ne s'y opposent), à la majorité des trois quarts des voix, que la responsabilité des sociétaires sera augmentée (art. 136). Il faut, pour réduire le capital, le consentement des créanciers existant ou le dépôt d'une somme suffisante pour les satisfaire.

Cette même condition est requise d'une société à responsabilité illimitée qui veut devenir société à responsabilité limitée ou seulement passer de la solidarité absolue à la solidarité adoucie.

Quelques mesures sont particulières aux sociétés à responsabilité limitée. Indépendamment de la liste des sociétaires, il doit être remis annuellement, avec le bilan, au registre du tribunal une mention indiquant de combien le capital social s'est accru ou diminué depuis le dernier exercice, et quel est le chiffre de la garantie incombant aux sociétaires. La Direction doit provoquer la mise en faillite de la société si les pertes dépassent d'un quart le montant de l'actif. Elle n'est pas tenue, comme dans notre législation, de réunir l'assemblée générale dès qu'une partie du capital social est perdue. Pareille obligation ne lui incombe que dans les sociétés à responsabilité entièrement illimitée et seulement lorsque la perte égale et l'actif social et la fortune de tous les sociétaires. L'assemblée générale doit être alors réunie afin de déclarer si elle veut ou non continuer la société.

« Les décisions de l'assemblée générale doivent, porte l'article 45, être inscrites dans un registre dont chaque sociétaire et l'*autorité gouvernementale* peuvent prendre connaissance ». Ce n'est point le seul cas où l'autorité publique intervienne. L'article 143 punit « d'amende jusqu'à 600 marcks les membres de la Direction lorsque leurs actes tendent à un autre but que celui mentionné au § 1 (objet que doit se proposer la société), ou lorsqu'ils permettent ou n'empêchent pas les discussions en assemblée générale de motions visant les affaires publiques et dont la discussion tombe sous le coup des lois concernant les cercles et réunions. »

Telles sont, avec de longues et minutieuses règles sur la faillite et sur la liquidation des sociétés, les dispositions principales de la loi du 1er mai 1889, qui est en vigueur depuis le mois d'octobre de la même année, c'est-à-dire depuis un peu plus d'un an. Ce temps est trop court pour qu'on puisse juger de tous les effets de la loi ; il y en a deux cependant qui sont déjà acquis : le premier était prévu, le second surprend au contraire.

L'effet prévu est que la plupart des sociétés fondées depuis la mise en vigueur de la loi ont pris la forme à responsabilité limitée. La loi de 1867 avait soulevé de nombreuses plaintes en ce qu'elle rendait la solidarité des associés obligatoire. Or, cette solidarité n'était pas seulement de forme ou de précaution, elle a été mainte fois mise à effet, et elle arrêtait les hommes aisés et instruits qui auraient pu servir utilement les sociétés coopératives par leur présence et leurs capitaux. Fort bonne dans les petits endroits où l'on se connaît bien, elle était moins acceptable dans les grands centres et n'est convenable nulle part à un type très répandu : la société de consommation. C'est pour contenter des réclamations fréquentes que la loi de 1889 a admis la responsabilité limitée. Il ne faut pas être surpris qu'on ait fait usage de cette commodité nouvelle.

Mais ce qui a été contre l'attente générale est que très peu de sociétés existantes ont profité de la faculté nouvelle de limiter la responsabilité de leurs membres. Que les sociétés du type Raffeisen, qui sont uniquement agricoles, aient gardé ce principe qui fait leur force et leur permet d'opérer sans capital versé par les membres, on le conçoit, mais on a été surpris de le voir maintenu par la presque totalité des sociétés du type Schulze-Delitzsch, qui sont presque toutes des sociétés urbaines.

A la vérité, un certain nombre, et des plus importantes, sont devenus sociétés anonymes (1). Mais ce résultat est attribué à ce que ces sociétés ont voulu éviter l'intervention constante et minutieuse dans leurs affaires des tribunaux locaux, intervention que la loi nouvelle a organisée avec grand détail, comme on a vu, et que les juges et greffiers, chargés de l'appliquer, exagéreraient encore.

On ne peut toutefois porter encore un jugement absolu sur la loi de 1889 ; il faut attendre qu'elle ait un peu plus d'usage.

§ 4. — L'AUTRICHE-HONGRIE.

La loi autrichienne du 9 avril 1873 a même titre que la loi allemande, définit de même les sociétés pour lesquelles elle est faite et imite cette loi (celle de 1868 bien entendu), dans la plupart de ses dispositions (2). Elle s'en distingue toutefois par une grave différence et par quelques différences de détail.

La grande différence est que la loi autrichienne admet la solidarité limitée que n'acceptait pas alors la loi allemande. Les *Genossenschaften* autrichiennes peuvent être à responsabilité illimitée ou à responsabilité limitée.

Au premier cas, les créanciers de la société n'ont cependant action contre les sociétaires, qu'après que la faillite a été close, ils doivent donc d'abord discuter le patrimoine de la Société. Par suite, la faillite de la société n'entraîne pas celle des associés et leur nom ne figure pas dans le jugement déclaratif de faillite. Lorsque, dit le texte (art. 61), la procédure de faillite est arrivée au point

(1) D'après le Code de commerce allemand promulgué en 1869 les sociétés anonymes peuvent s'établir sans autorisation et par acte privé. Elles doivent diviser leur capital en actions de 50 thalers au moins (le thaler 3f,75), si elles sont nominatives et de 100 thalers pour les actions au porteur. Le capital doit être souscrit entièrement et le dixième versé pour que la société soit valablement constituée.

(2) Notre collègue M. Dietz a pu dire dans la notice précédant l'analyse qu'il en a faite dans l'*Annuaire* de 1874 que « la loi autrichienne suit pas à pas la loi allemande du 4 juillet 1868 ».

où le partage final de l'actif est déjà fixé, l'administration doit dresser un tableau de répartition des dettes restantes entre les associés ; ceux-ci sont appelés à contester et enfin le tableau est rendu exécutoire par le tribunal. Mais cette procédure de répartition n'empêche pas, dès que la faillite est close, les créanciers non désintéressés, d'agir contre tel associé qu'ils veulent.

Dans les sociétés à responsabilité limitée, les associés sont tenus non seulement du montant de leur engagement, mais d'une somme double : disposition singulière qui ne se trouve en aucune autre loi et qui montre avec quelle hésitation, on pourrait dire presque avec quel remords, les législateurs autrichiens admettaient le principe de la responsabilité limitée.

La *Genossenschaft* est valide à trois conditions : un contrat écrit, une raison sociale anonyme et l'enregistrement au tribunal de commerce, sur le registre des sociétés tenu au greffe de ce tribunal. Le tribunal a, du reste, le devoir de vérifier si les statuts sont faits conformément à la loi. Un extrait en est publié. La Société doit faire mention constante à la suite de sa raison sociale de sa qualité de société enregistrée avec responsabilité ou solidaire ou limitée. Elle n'a d'existence légale que du jour où elle a été enregistrée.

Il doit être, en outre, tenu au siège social un registre contenant les noms des associés, avec la date de leur entrée et de leur sortie et le montant des parts que possède chacun d'eux. Ce registre, qui doit être à la disposition de tout requérant, n'a pas son analogue dans la loi française, la loi allemande ne l'exige pas non plus. Par contre, on a vu qu'il était prescrit par la loi anglaise ; on le retrouvera encore dans quelques autres législations.

Cette publicité de la liste des sociétaires et des statuts au siège même de la société, n'empêche pas la société d'être tenue de publier chaque année un bilan indiquant le nombre des associés entrés et sortis pendant l'exercice, et les mutations du capital en gain ou en perte pendant le même laps de temps.

Comme la loi allemande, la loi autrichienne énumère ce que doivent contenir les statuts. Ils peuvent fixer à volonté le montant du capital social, sa division entre les associés et le mode de versement. Ils marquent aussi le nombre et les attributions spéciales des administrateurs ; toute restriction, mise à leur pouvoir, est nulle à l'égard des tiers ; on a vu cela dans la loi allemande. La nomination d'une commission de surveillance est facultative.

Les démissions de sociétaires sont possibles, mais ne doivent, sauf disposition contraire des statuts, se produire qu'à la fin de l'exercice et en prévenant quatre semaines à l'avance. Le créancier d'un associé, qui a vainement discuté son débiteur, peut exiger sa démission, pour profiter de la part lui revenant. La responsabilité de l'associé sortant est soumise à la prescription de deux ans dans les sociétés à responsabilité illimitée ; elle dure un an dans les autres. Dans ces mêmes sociétés (celles à responsabilité limitée) les sommes dues à l'associé sorti ou à ses héritiers, ne sont payables qu'après un délai d'un an. En cas de dissolution de l'association, la répartition ne peut avoir lieu qu'après que la dissolution a été annoncée à trois reprises dans les journaux désignés à cet effet.

Les associés peuvent céder leurs parts avec le consentement du Conseil d'administration, mais le cédant reste responsable pendant un an.

Les statuts peuvent indiquer des motifs d'exclusion des sociétaires.

Si le bilan indique que la moitié du capital social est perdu, les administrateurs doivent convoquer une assemblée générale, afin que les membres de la Société décident s'il y a lieu de la dissoudre.

En cas de faillite d'une société, dont l'actif n'a pas été libéré entièrement, il est dressé un tableau de répartition des sommes encore dues par les membres, de la manière précédemment indiquée.

Voici maintenant en quoi intervient l'autorité administrative. L'administration de la Société doit remettre à l'autorité locale une copie des statuts (ou de toutes modifications qui y seraient apportées) dans les huit jours de l'enregistrement ; elle doit remettre à la même autorité copie des bilans dans les huit jours de leur approbation.

Les sociétaires qui détournent la société de son objet (qui en feraient par exemple une société politique ou une association de résistance et pour organiser les grèves), sont, comme en Allemagne, punissables d'une amende, dont le chiffre est sensiblement le même (ici 300 florins et en Allemagne 600 marcks). Mais ce que la loi autrichienne contient de particulier, est qu'elle donne à l'autorité le pouvoir de dissoudre la société, qui aurait été ainsi détournée de son but, pourvu que le fait ait été bien établi par un jugement passé en force de chose jugée.

Elle dispense, en outre, les *Genossenschaften* de la surveillance que la loi du 26 novembre 1852 enjoint à l'État d'exercer sur les sociétés financières et en particulier sur les sociétés qui font la banque; or, c'est l'objet de la plupart des sociétés coopératives. Ces sociétés sont toutefois tenues de requérir une autorisation, lorsque l'entreprise qu'elles se proposent ne peut être exercée sans une licence spéciale, comme est l'émission de lettres de gage et de bons au porteur, l'assurance, etc.

Quelle est la proportion réciproque des sociétés à responsabilité illimitée et de celles à responsabilité limitée? Les sociétés de consommations, dont le nombre d'ailleurs — chose étonnante — tend à diminuer, sont la plupart à responsabilité limitée. Quant aux sociétés de crédit ou banques populaires, elles étaient, au début, en grand nombre à responsabilité illimitée; c'était la conséquence des enseignements de Schulze-Delitzsch et de Raffeisen, dont on suivait les doctrines et les exemples. L'année où la loi fut mise en vigueur, il s'était fait enregistrer, nous écrit M. le baron von Call, 86 sociétés à responsabilité illimitée contre 83 à responsabilité limitée. En 1877 c'était 558 sociétés à responsabilité limitée contre 556 à responsabilité illimitée. « Depuis cette époque l'augmentation du nombre des sociétés à responsabilité limitée est persistante ».

Quelles critiques soulève la loi qui vient d'être analysée? Il y a d'abord un fait qui, ainsi que le fait justement remarquer notre correspondant, mérite réflexion: c'est la grosse proportion dans le capital servant aux opérations sociales des sommes déposées par rapport à celles fournies par les sociétaires. Ces sommes en moyenne égalent *six fois* le capital social dans les sociétés à responsabilité limitée. Ainsi, sur 918 sociétés de crédit (à responsabilité limitée ou solidaire) enregistrées, 87 seulement (chiffres donnés par M. le baron von Call) n'avaient pas de dépôts, 104 en avaient un inférieur à leur capital; dans toutes les autres il était supérieur, et la proportion s'élevait de 1 à 100 fois ce capital et arrivait même à dépasser 100 fois. C'est là évidemment un danger, surtout lorsque le dépôt est fait dans la caisse d'une société à responsabilité limitée, mais qui prouve la confiance que ces sociétés inspirent et le peu d'inconvénient qu'a eu cette pratique jusqu'ici. On ne peut guère régler la confiance par mesure législative et il serait délicat de limiter le chiffre des dépôts.

Quant aux réclamations que font entendre les coopérateurs autrichiens, elles ont porté d'abord sur l'excès des charges fiscales comme en France. Pour y faire droit, les lois des 27 décembre 1880 et 14 avril 1885, ont exonéré les sociétés coopératives de la taxe du revenu et de la patente.

On se plaint du défaut de surveillance des sociétés en exercice, puisque la loi n'impose de ce côté aucune mesure, et que pourtant les intérêts engagés, les dépôts surtout, sont, on l'a vu, considérables. On sait comment la loi allemande de 1889 a comblé la lacune qui existait de ce chef dans la loi de 1867. Un autre grief vient de ce qu'en cas de faillite dans les sociétés à responsabilité illimitée, les sociétaires sont, après la clôture de la faillite, exposés à être poursuivis à la fois par les créanciers à raison de leur responsabilité solidaire et par les administrateurs de la faillite pour les sommes portées au tableau de répartition et dont le recouvrement est rendu exécutoire par l'homologation du tribunal. Le règlement de cette difficulté a fait l'objet d'une résolution (ou vœu) votée le 12 avril 1889 par la Chambre des députés. On peut donc s'attendre, bien qu'il n'y ait actuellement en ce sens aucun projet soumis au parlement, à voir modifier en divers points la loi de 1873.

Le Code de commerce hongrois contient un chapitre sur les sociétés coopératives, qui reproduit la loi autrichienne, avec cette différence que l'on y admet la responsabilité des sociétaires réduite au montant de leur souscription.

§ 5. — LA BELGIQUE.

La loi belge est de même année que celle de l'Autriche, 18 mai 1873. Comme la loi hongroise, elle fait partie d'une loi d'ensemble sur les sociétés destinée à prendre place dans le Code de commerce ; les sociétés coopératives forment une cinquième sorte de sociétés venant s'ajouter aux quatre formes partout en usage : nom collectif, commandite simple et par action, anonymat. Mais là s'arrête la similitude. Les Belges ont sans doute consulté la loi allemande, mais sans la copier. Ils n'ont pas non plus copié notre loi de 1867, bien que la ressemblance de législation entre eux et nous soit grande puisqu'ils ont conservé nos Codes. Ils ont fait mieux : leur loi est absolument originale et remarquable.

Elle définit la Société coopérative : « celle qui se compose d'associés dont le nombre ou les apports sont variables et dont les parts sont incessibles à des tiers. » L'incessibilité, disait à la Chambre des députés, M. Pirmez, est essentielle aux sociétés coopératives, parce que ce sont des sociétés de personnes et non de capitaux. Cela ne veut pas dire, sans doute, qu'un associé ne pourra pas céder sa part, mais il ne pourra la céder qu'à un autre associé, qu'il s'agisse d'un ancien membre ou d'un nouvel admis venant prendre sa place.

La société coopérative doit être désignée par un nom anonyme; cette disposition se trouve dans presque toutes les législations; on a vu qu'elle était de ce chef le vœu des Sociétés françaises et pourquoi; elle doit compter sept membres au moins.

Pour le surplus, liberté complète des conventions; les statuts doivent marquer (un article de la loi indique les points qu'ils doivent régler) le mode de responsabilité des sociétaires; en cas de silence ils sont solidairement responsable, c'est en effet le droit commun et qui doit être maintenu en l'absence de clause contraire; la durée de la société qui ne peut excéder trente ans (c'est la seule clause restrictive du droit de rédiger le contrat), en cas de silence, la durée est de dix ans; enfin les conditions d'entrée et de sortie des associés, le versement du capital et le mode de gestion.

L'admission des sociétaires est constatée par leur signature donnée sur un registre tenu au siège social et contenant : les statuts, les noms et adresses des membres (on a vu cela en Autriche), avec l'état du capital de chacun d'eux.

Ce livre est coté, parafé et visé soit par un des juges du tribunal de commerce, soit par le bourgmestre de la commune, toujours sans frais. — La mention des retraits de mise est signée par le sociétaire qui les a opérés (art. 90).

Lorsque, dit un autre article (92), les statuts permettent aux associés de se retirer, — voilà d'abord une clause qui surprend; comment, dans une sorte de société, qui est essentiellement société de personnes, prétendrait-on retenir un membre malgré lui ? — ils ne peuvent donner leur démission que dans les six premiers mois de l'année sociale. La mention est portée au registre et signée du démissionnaire et de celui qui représente la société. En cas de refus de ce dernier de recevoir la démission, elle est reçue au greffe de la justice de paix, lequel en donne connaissance à la Société par lettre recommandée, le tout sans frais.

La Société a droit d'exclusion; lorsqu'elle en use, il en est fait mention au registre et notification est adressée par lettre chargée au sociétaire atteint.

L'associé démissionnaire ou exclu n'a droit qu'à sa part fixée par le dernier inventaire; sa responsabilité dure cinq ans.

La loi veut que les titres délivrés aux sociétaires, et qui sont toujours nominatifs, et contiennent copie des statuts, mentionnent par ordre de date, les versements et les retraits de sommes. « Ces annotations sont, selon le cas, signées par le représentant de la Société ou par le titulaire et valent quittance. » C'est ce qui se pratique dans nombre de sociétés françaises dont les membres sont porteurs d'un livret qui leur sert de titre et en même temps constate leur compte.

Le bilan est fait chaque année, suivant la forme marquée au titre des sociétés anonymes ; le vingtième des bénéfices nets est affecté à la formation d'un fonds de réserve. Copie du bilan est déposée, après qu'il a été approuvé, au greffe du tribunal de commerce. On a remarqué qu'au début de la Société nul dépôt au greffe n'était exigé, non plus qu'aucune publication dans les journaux. Les Belges ont bien compris l'inutilité de ces formalités, au regard surtout des sociétés coopératives (1). Tous les six mois une liste des sociétaires est déposée de même au greffe. Les gérants doivent, dans les huit jours de leur nomination, en donner connaissance au greffe et donner leur signature en présence du greffier ou l'envoyer en forme authentique. Le public est admis à prendre gratuitement connaissance de ces diverses pièces : liste, bilan, actes conférant la gérance. Chacun peut en demander copie sur papier libre moyennant payement des droits de greffe.

Tous les documents émanés de ces sociétés doivent porter en tête l'indication : société coopérative.

Cette loi si commode semble n'avoir soulevé de la part des intéressés, qu'une seule objection, c'est en ce qui regarde la publicité des listes d'associés, disposition qui se trouve pourtant dans les lois autrichienne et allemande. L'hostilité contre les sociétés coopératives de consommation est très grande chez les détaillants, qui sont nombreux en Belgique, et ont une importance politique sérieuse étant électeurs en un pays de suffrage restreint. La coopération y a donc de déterminés ennemis qui ont été copier ces listes de sociétaires et ont réussi à nuire ou intimider plusieurs de ceux qui y étaient inscrits. C'est ainsi que l'on a cité à l'*Union syndicale* de Bruxelles (*Bulletin de l'Union* du 4 mai 1890), le fait d'une ouvrière de Gand renvoyée par son patron parce qu'il a su, au moyen de la liste, qu'elle était sociétaire du *Vooruit* (2).

(1) On trouve dans les travaux préparatoires de notre loi de 1867 cette déclaration de M. Rouher qu'il pouvait affirmer, en faisant appel à ses souvenirs d'ancien clerc d'avoué, que les greffes sont « inabordables ». On maintint pourtant cette formalité du dépôt au greffe. Etait-ce pour la raison fiscale ? Beaucoup de formalités inutiles ou incommodes ne restent, en effet, dans nos lois que pour ce seul motif.

(2) Ce *Vooruit* (En avant !) est une société de consommation fondée par le

Tous les ennemis de la coopération n'emploient pas de tels moyens. Mais ils prennent occasion pour l'attaquer de quelques faveurs fiscales concédées aux sociétés coopératives depuis la loi de 1873. Pourquoi ces sociétés seraient-elles dispensées des taxes qui pèsent sur les petits commerçants ayant souvent peine à vivre? D'autant que dans les débats qui ont précédé le vote de la loi, le ministre de la justice déclarait (séance du 19 novembre 1872), qu'à son avis, acheter pour revendre, même aux membres de la Société, est faire acte de commerce; il n'y a acte civil que si on répartit les objets achetés au prix coûtant, ce qui a lieu pour les sociétés d'achat de matières premières. Cette manière de voir est très contestable et a été contestée même en Belgique. Mais il est certain que les privilèges, si on a le tort de leur en conférer, seront toujours le point faible des sociétés coopératives et qu'elles devraient elles-mêmes vouloir rester dans le droit commun.

§ 6. — LES PAYS-BAS.

Les sociétés coopératives avaient par suite de la jurisprudence qui s'était formée dans ce pays, une situation instable et difficile, assez semblable, semble-t-il, à celle des sociétés allemandes avant 1867. C'est pour leur assurer une situation légale qu'a été rendue la loi du 17 novembre 1876.

« La Société coopérative, dit l'article 1er, se règle par les conventions des parties, par les dispositions de la présente loi, par le droit civil et par les lois commerciales lorsqu'elle a pour but d'exercer des actes de commerce. » Voilà reconnue aux sociétés coopératives la qualité de sociétés légales qui leur avait été jusque-là contestée. Elles peuvent, de plus, choisir parmi les formes de sociétés ou civiles ou commerciales celles qu'elles croiront convenables ou encore profiter de la nouvelle forme que la loi établit à leur intention ; ainsi on leur offre une commodité, on ne leur impose pas une contrainte.

Sous la dénomination de sociétés coopératives, ajoute l'article 2, la loi entend des sociétés à personnel variable et qui ont pour but de procurer quelques bénéfices à leurs membres soit par la fabrica-

parti socialiste ouvrier de Gand, à la fois pour procurer des ressources au parti au moyen des bénéfices de la société qui est prospère et dans un but de propagande. On voit, toutefois, que ce n'est point une société purement coopérative, au moins dans son fonds, car elle en a tous les dehors.

tion, soit par l'achat de denrées en commun, soit en leur procurant du crédit. Elle marque de plus que « la Société ne perd pas son caractère en étendant aux tiers sa sphère d'action si ses statuts le lui permettent. »

L'acte de société doit être fait devant notaire et transcrit (ainsi que les modifications qui y seraient apportées, c'est la règle ordinaire) au greffe de la justice de paix, publié ensuite au *Journal officiel* (les insertions sont gratuites) et dans un journal du lieu où siège la société, à défaut, dans celui d'une commune voisine. Chaque justice de paix reçoit gratuitement l'*Officiel* et quiconque peut en prendre connaissance ainsi que du registre et s'en faire délivrer copie à ses frais. Tous documents émanés de la société doivent porter l'indication : *Société coopérative.*

La loi énumère les dispositions que doivent contenir les statuts. La durée de la société ne peut excéder trente ans; on sent ici l'influence de la loi belge comme aussi dans l'obligation de tenir au siège social un registre donnant les statuts, les noms et adresse des sociétaires avec les dates de leurs entrées et sorties et mention de leur capital. Ce registre est public.

Les admissions et démissions sont constatées par la signature des intéressés sur le registre ou par un acte public y annexé. — En cas de refus de la société d'inscrire les démissions, elles sont reçues au greffe de justice de paix.

La société ne devient personne civile qu'à compter de son enregistrement; les démissions et exclusions (les statuts marquent dans quels cas elles peuvent être prononcées) ne valent que du jour de leur inscription au registre.

Le capital social et le mode de versement sont fixés à volonté par les statuts comme aussi l'étendue de la responsabilité des sociétaires. Si les statuts n'ont pas marqué ce dernier point, le montant du passif se partage par tête entre tous les membres de la société et ceux qui en sont sortis dans le courant de l'année précédente. « Les sociétaires responsables sont tenus de payer immédiatement leur part augmentée de 5 p. 100 ou d'une somme inférieure que le liquidateur jugerait suffisante pour couvrir la répartition requise, pour les frais de perception ou pour la part de ceux qui resteraient en défaut de payer. » Disposition dont on a vu l'analogue dans les lois allemande et autrichienne.

A la différence de la loi belge, celle des Pays-Bas admet la cession des parts ou actions à des non sociétaires (art. 8).

Les statuts règlent ce qui concerne la direction de la société; il leur est loisible d'établir ou non une Commission de surveillance. En ce qui concerne le contrôle, pas de règle obligatoire. Les administrateurs sont tenus seulement de présenter chaque année le bilan à l'assemblée générale et d'en remettre une copie au greffe de la justice de paix où il est public. Chaque membre a le droit d'intenter une action judiciaire contre les administrateurs.

Les sociétés qui sont en état de suspension de paiement sont mises en faillite même si elles sont sociétés civiles.

Dans les Pays-Bas comme en Belgique la coopération a de nombreux ennemis (1). Les détaillants se sont ligués et demandent qu'il soit interdit notamment aux sociétés coopératives de vendre aux tiers, faculté que leur reconnaît la loi de 1876. Les sociétés coopératives, de leur côté, ont formé une « Ligue néerlandaise de coopération. » Mais je n'ai pu savoir si la loi avait donné lieu à quelques critiques par ses dispositions mêmes, soit à raison du défaut de contrôle ou à cause de la publicité obligée des listes des sociétaires dont on a vu que les Belges se plaignaient.

§ 7. — L'ITALIE.

La loi italienne en notre matière ressemble par un côté à la loi française; elle ne fait pas des sociétés coopératives (le nom cette fois est dans la loi), une forme spéciale de sociétés, mais une modification des autres formes. Le Code de commerce promulgué en 1882 contient, comme notre loi de 1867, des règles propres aux diverses sociétés de commerce et un chapitre sur les sociétés coopératives destiné à celles qui voudront user des commodités spéciales que ce chapitre renferme.

Les diverses formes de sociétés commerciales admises par le Code italien sont d'abord la société en nom collectif. Elle a ceci de particulier que les créanciers doivent discuter l'actif social avant de pouvoir poursuivre les associés; c'est donc une solidarité réduite; et ceci encore que nul associé ne peut s'intéresser dans une autre société ayant un but analogue. Pareil engagement est, d'après la loi allemande du 1er mai 1889, un motif d'exclusion.

Le Code italien admet encore la commandite simple et par action et la société anonyme.

(1) Renseignement communiqué par notre collègue M. Louis Israëls, avocat de la légation des Pays-Bas à Paris.

Toutes sociétés doivent être constatées par un acte écrit et même notarié pour les sociétés par action, et les fondateurs doivent remettre au greffe du tribunal de commerce un extrait des statuts et la liste des membres si la société est en nom collectif ou en commandite simple; si elle a cette dernière forme, ils ajouteront l'indication du montant des commandites. Ils doivent remettre une copie complète des statuts, plus la liste des membres avec indication de leurs engagements et des versements faits, s'il s'agit d'une société par action.

Le tribunal examine les statuts, et s'il les trouve conforme à la loi, en ordonne par jugement l'enregistrement au Livre des sociétés tenu au greffe, ainsi que l'affichage dans la salle du tribunal, dans la salle de la commune et dans les locaux de la Bourse la plus voisine.

Un extrait est publié par les soins de la société dans un journal d'annonces légales et de plus, s'il s'agit d'une société par action, au *Bulletin officiel* des sociétés par actions avec tous les documents annexes.

Les sociétés coopératives — et le Code ne définit pas quelles sociétés il entend par là — sont soumises aux publications exigées des sociétés anonymes, mais ces publications se font sans frais.

L'acte constitutif doit être fait devant notaire (au droit fixe de 5 fr. pour tout honoraire). Enfin, les statuts doivent, outre les dispositions énumérées par la loi pour chaque forme de sociétés, en contenir quelques autres que l'article 219 énumère.

La part de chaque associé ne peut excéder 5.000 francs (dans la loi anglaise sur les *Industrial and Provident Societies* qui seule, avec le Code italien, fixe un *maximum* des parts sociales, ce *maximum* est aussi de 5.000 fr.), et si le capital est divisé par action, la valeur de chacune d'elles ne peut excéder 100 francs. Tandis que notre loi sur les sociétés à capital variable fixe un *minimum* du chiffre des actions, c'est un *maximum* que marque la loi italienne. Du reste, et ceci est une disposition que l'on trouve en plusieurs législations, les actions sont toujours nominatives et ne peuvent être cédées qu'avec l'autorisation du conseil d'administration ou de l'assemblée générale, suivant les statuts.

Le mode d'admission et de retraite des associés est réglé par les statuts. L'exclusion est permise en divers cas prévus par la loi (faillite de l'associé, non paiement de sa part, etc.) ou marqués par les statuts. La responsabilité des sociétaires sortants dure deux ans.

Comme en Belgique, la preuve des admissions résulte de la signature apposée par les nouveaux admis sur le registre de la société, registre tout semblable à celui que prescrit la loi belge et portant les noms et adresses des sociétaires, avec les dates des entrées et sorties, et l'indication des versements faits par chacun d'eux. La loi italienne, toutefois, exige de plus que « les signatures soient rendues authentiques par deux sociétaires non administrateurs. » Elle prescrit aussi la publicité du registre, mais seulement tant que le capital social n'est pas entièrement libéré.

La démission doit de même être déclarée sur le registre, et il faut encore qu'elle soit notifiée à la société par acte d'huissier. « Elle ne produit son effet, ajoute le Code, qu'à la fin de l'année sociale en cours, pourvu qu'elle soit faite avant le commencement du dernier trimestre de cette même année. Si elle est faite plus tard, le sociétaire restera engagé encore pour l'année suivante. ».

Une différence entre la société coopérative et la société anonyme ordinaire est que dans la première le mode de versement des parts est faite comme le veulent les statuts, alors que dans la seconde, le dixième sur toute action payable en numéraire doit être effectivement versé dès le début.

La Société est dirigée par des administrateurs choisis parmi les associés de la manière et pour le temps que les statuts indiquent. Ils peuvent être dispensés, par les statuts, de l'obligation de donner caution imposée par la loi aux administrateurs des sociétés anonymes (la caution consiste dans le dépôt d'un certain nombre d'actions inaliénables dans la caisse sociale). Leur responsabilité, d'ailleurs, est la même, c'est-à-dire qu'ils sont responsables de la tenue des livres et registres, de la bonne rédaction des bilans, de la sincérité des versements effectués par les associés, de la réalité des dividendes distribués et enfin, en général, de l'exécution de leur mandat (art. 146).

Ces administrateurs doivent, aussitôt qu'ils sont nommés, en aviser le greffe du tribunal de commerce par déclaration écrite au greffe même ou par acte authentique.

De même que dans l'anonymat ordinaire, les assemblées générales doivent nommer des commissaires de surveillance ou *syndics*, lesquels peuvent être pris parmi les non associés, mais ne doivent pas être parents des administrateurs, au moins jusqu'au quatrième degré et dont la mission est ainsi détaillée par l'article 183 : établir les bilans d'accord avec les administrateurs (ceci est fort éloigné de l'idée que nous avons du rôle des surveillants et se rapproche, au contraire, de la conception allemande); examiner, au moins tous les trimestres, les livres de la société; faire à mêmes époques de « salutaires » vérifications de la caisse et reconnaître, au moins tous les mois, l'existence des titres ou valeurs de toutes espèces déposés à la société en garde ou en gage (chose très fréquente dans les banques italiennes; j'ai vu à celle de Milan des hangars remplis de balles de soie brute déposées en nantissement) et d'une manière générale veiller à l'exécution des statuts, de la loi et des décisions prises par l'assemblée générale.

L'assemblée générale se réunit au moins une fois tous les ans. Dans les sociétés coopératives, les associés ne peuvent s'y faire représenter si ce n'est en cas d'empêchement reconnu légitime; chaque sociétaire n'a qu'une voix, quel que soit le nombre des actions qu'il possède, et nul ne peut représenter plus d'un associé (art. 223).

L'action contre les administrateurs pour les faits ayant trait à leur responsabilité, dit l'article 151, appartient à l'assemblée générale, qui l'exerce par les syndics. Et il ajoute : « Tout sociétaire a le droit de dénoncer aux syndics les faits qu'il croit devoir être censurés, et les syndics doivent tenir compte de la dénonciation reçue dans leur rapport à l'assemblée générale. Les syndics seront obligés de présenter, sur les faits dénoncés, leurs observations et leurs propositions quand la dénonciation est faite par des associés représentant au moins un dixième du capital social. Si les syndics estiment fondée et urgente cette réclamation, ils devront convoquer immédiatement une assemblée générale ou, s'il y a lieu, s'en référer à la plus prochaine. L'assemblée devra toujours prendre une décision concernant la réclamation. »

Cet article n'est point spécial aux seules sociétés coopératives, il concerne toutes les sociétés anonymes; il en est de même de l'article suivant, 152, qui veut être aussi rapporté. « Lorsqu'il y a présomption fondée de graves irrégularités dans l'accomplissement des devoirs des administrateurs et des syndics, les sociétaires possédant le huitième du capital social peuvent dénoncer les faits au tribunal de commerce. Si le tribunal, après avoir entendu en Chambre du conseil les administrateurs et les syndics, reconnaît l'urgence de procéder avant la réunion de l'assemblée générale, il pourra ordonner, par jugement, l'inspection des livres de la société et nommer dans ce but un ou plusieurs commissaires aux frais des requérants. L'inspection n'aura lieu qu'après que ces requérants auront donné caution. Le rapport des inspecteurs devra être déposé au greffe dans le délai fixé par le tribunal. Le tribunal examinera ce rapport en Chambre du conseil et prononcera par jugement. Si le soupçon paraît sans fondement, le tribunal pourra ordonner que le rapport soit publié dans le journal des annonces judiciaires en entier ou seulement dans ses conclusions. Au cas contraire, le tribunal ordonnera d'urgence les mesures qu'il croira nécessaires à la convocation immédiate de l'assemblée générale. Le jugement sera exécutoire par provision nonobstant opposition ou appel. »

Voilà un mode de révision bien plus absolu que ceux des lois anglaise ou allemande, puisque dans ces pays les rapports du réviseur ne sont soumis qu'à l'assemblée générale qui seule aussi a qualité pour prendre des mesures, tandis qu'ici c'est le tribunal lui-même qui agit.

Les administrateurs doivent, dans les sociétés coopératives, à la fin de chaque trimestre, adresser au greffe du tribunal de commerce une liste nominative des « sociétaires entrés, sortis ou restés pendant le trimestre... La liste, signée des administrateurs, devra être tenue au greffe à la disposition de chacun. » Ils doivent encore, mais ceci est une disposition commune à toutes les sociétés, déposer au greffe copie du bilan ainsi que du rapport des syndics et de la décision prise à ce sujet par l'assemblée générale. Mention est faite du tout sur le Registre des sociétés, et le bilan est affiché et publié comme le sont, lors de la constitution de la Société, les extraits des statuts. Disposition toute spéciale à la loi italienne, celle d'aucun autre pays n'exigeant la publication des bilans.

« Quand les administrateurs, dit l'article 145, constateront que le capital social est diminué d'un tiers, ils devront convoquer les sociétaires pour leur demander s'ils entendent refaire le capital, le limiter à la somme restante ou dissoudre la société. »

Le capital de toute société peut être réduit trois mois après la publication dans un journal d'annonces légales de la déclaration de l'assemblée générale décidant cette réduction, pourvu qu'aucun créancier n'ait fait opposition. Si quelque opposition se produisait elle devrait être levée par un jugement.

« Quand la diminution du capital atteindra les deux tiers, la dissolution aura lieu de plein droit si les sociétaires convoqués en assemblée générale ne décident pas de le refaire ou de le limiter à la somme restante. »

La liquidation a lieu suivant les règles très détaillées édictées par la loi au sujet des sociétés anonymes.

Il faut rappeler, en finissant, que la loi exige l'indication dans tout document émané de la Société de sa nature (anonyme ou autre) avec mention, s'il y a lieu, qu'elle est coopérative.

Au point de vue fiscal, toujours important pour les sociétés coopératives, non seulement la constitution de ces sociétés a été, on l'a vu, rendue très peu onéreuse; mais des lois spéciales ont exempté des droits ordinaires de timbre et d'enregistrement les sociétés coopératives dont le capital n'excède pas 30.000 francs et dont la fondation ne remonte pas à plus de cinq ans révolus.

Ces privilèges ne semblent pas avoir soulevé les animosités qui paraissent en Belgique, par exemple. Mais il est arrivé que nombre de sociétés, nullement coopératives, ont pris ce nom afin d'user des commodités données par le Code de commerce et les lois fiscales (1). Il suffit, en effet, pour qu'une société soit réputée coopérative, que les actions soient de 100 francs au plus et que la part de nul sociétaire n'excède 5.000 francs, encore cette disposition est-elle tournée, en fait, parce que celui qui veut accroître sa part met le surplus au nom des divers membres de sa famille, si bien que tel sociétaire possède jusqu'à 30.000 francs. (Nous voyons cela en France pour les dépôts aux caisses d'épargne. Ils sont au *maximum* de 2.000 francs par tête, mais ceux qui trouvent commode d'avoir en compte courant de l'argent qui rapporte plus de 3 p. 100, prennent des livrets au nom de toutes les personnes de leur famille).

La forme légale ordinairement adoptée par les sociétés coopératives italiennes est l'anonymat. Elles sont anonymes et coopératives, comme en France nos sociétés sont anonymes et à capital variable. Il y a exception, toutefois, pour les banques populaires agricoles. Comme la solidarité fait leur force et qu'à la campagne cette solidarité est possible, parce qu'on se connaît bien, elles sont en nom collectif et coopératives. Certaines sociétés, particulièrement les fruitières (on donne ce nom fort impropre aux sociétés formées dans quelques villages des montagnes d'Italie et du Jura français ou bernois pour la fabrication en commun des fromages avec le lait des vaches appartenant aux associés et le placement des produits obtenus), sont sociétés civiles. Il faut ajouter enfin que beaucoup de sociétés n'ont qu'une existence de fait sans aucune forme légale régulière.

(1) Renseignements fournis par M. Leone Wollemborg de Padoue, le promoteur en Italie de la coopération rurale.

§ 8. — LA SUISSE.

Les sociétés coopératives qui y existent en grand nombre avaient pris diverses formes légales suivant la législation de leurs cantons respectifs. Mais depuis la promulgation au 1er janvier 1883 du *Code fédéral des obligations*, elles ont adopté presque toutes la forme décrite dans ce code sous le nom d'*Association*. Il est notable, en effet, que le nom de « coopérative », ne s'y trouve pas, le code décrit successivement les règles propres aux *sociétés simples* (nos sociétés civiles), aux sociétés en *nom collectif*, en *commandite simple*, *anonymes* ou *sociétés par action* et enfin aux *associations*, et il entend par là « toute réunion de personnes qui, sans constituer une des sociétés précédentes, poursuit un but économique ou financier commun ». C'est assez désigner les sociétés ouvrières et encore les sociétés coopératives qui, on le sait, ne sont pas exclusivement composées d'ouvriers.

Pour former une *Association* il faut un acte écrit, signé par sept associés au moins et contenant les mentions détaillées à l'article 680 de la loi. Cet acte doit être déposé, après légalisation des signatures, au greffe du tribunal de commerce pour y être reproduit sur le *Registre du commerce* destiné à l'inscription de toutes les sociétés commerciales. Un extrait des statuts et l'ensemble même dans quelques cas est publié dans la *Feuille officielle du commerce.*

Sauf disposition contraire inscrite dans les statuts, il faut pour modifier ces statuts, l'unanimité des sociétaires.

L'entrée dans la société est libre en principe; les statuts peuvent disposer autrement, mais ils ne peuvent ôter aux sociétaires le droit de se retirer. La retraite toutefois ne peut avoir lieu, sauf autre disposition des statuts, qu'à la fin de l'exercice et en avertissant quatre semaines à l'avance. L'exclusion d'un associé peut être prononcée par jugement s'il y a motif légitime. La responsabilité de tout associé sorti dure deux ans.

Quelle est l'étendue de la responsabilité des sociétaires? Si les statuts sont muets sur ce point ils sont solidairement responsables, puisqu'en effet c'est le droit commun; mais alors même les créanciers n'ont action contre eux qu'après clôture de la faillite et insuffisance de l'actif social; c'est la solidarité allemande et autrichienne. Au cas de faillite, la responsabilité des associés ne dure qu'un an après que la faillite a été close. Mais les statuts peuvent limiter la responsabilité des associés au seul montant des biens de l'association, et cette clause est valable pourvu qu'elle ait été publiée dans la *Feuille officielle du commerce*. Les statuts peuvent fixer à volonté le montant des parts et le mode de versement.

La « Direction » se compose de une ou de plusieurs personnes associées ou non, rétribuées ou non. Ces personnes doivent, aussitôt désignées, se faire inscrire au greffe du tribunal de commerce et y donner leur signature. On retrouve ensuite la règle allemande : les restrictions mises par les statuts au pouvoirs des administrateurs ne sont pas opposables aux tiers de bonne foi.

La Direction doit remettre au greffe, tous les trois mois, un état de tous les membres personnellement tenus des dettes sociales, état dont le public peut prendre connaissance. Tout associé sortant ou les héritiers de tout associé décédé peuvent, sans attendre la fin du trimestre, provoquer eux-mêmes l'inscription constatant leur sortie ou celle de leur ayant droit.

Cette même Direction doit publier des bilans annuels. Elle doit prévenir le tribunal lorsque l'actif ne suffit plus à remplir les engagements pris. Il est au pouvoir du tribunal ou de prononcer la faillite ou de l'ajourner si les créanciers en font la demande, et de prendre alors des mesures pour la conservation de l'actif.

La société peut placer à côté du conseil d'administration un comité dont la Direction devra prendre l'avis dans des cas déterminés ; disposition spéciale que l'on n'a vu dans aucune autre loi. Elle peut aussi, mais ceci est tout facultatif, nommer un conseil de surveillance ou désigner des experts pour contrôler la manière dont s'exerce la gestion.

La révocation des administrateurs et des membres du conseil de surveillance (s'il y en a un) est toujours possible par l'assemblée générale, sauf disposition contraire des statuts. Même dans ce dernier cas, c'est-à-dire si les statuts n'autorisent pas la révocation, elle peut être prononcée par le juge sur la demande de quelques associés, s'il estime que tel membre administrateur ou surveillant est ou infidèle à sa mission ou incapable de la remplir. Le juge convoque alors l'assemblée générale qui doit en nommer d'autres et il prend, en attendant, les mesures nécessaires pour les remplacer provisoirement s'il y a lieu.

La responsabilité des administrateurs est d'ailleurs d'une sorte particulière : la loi les présume en faute et les oblige, lorsque la société périclite, de prouver que le mal est arrivé malgré eux. On leur applique la règle nouvellement admise en Suisse sur les accidents de l'industrie et portant (art. 62 du même code) que le patron est présumé auteur de l'accident « s'il ne justifie avoir pris toutes les précautions pour prévenir le dommage. »

La société peut être dissoute par décision de justice sur la plainte d'un associé, d'un créancier, ou de l'autorité compétente lorsque : 1° son but ou le moyen qu'elle emploie sont contraires aux lois ou aux mœurs ; 2° lorsqu'elle ne peut plus fonctionner « à raison du nombre insuffisant des associés ou pour toute autre cause. »

En cas de dissolution de la société, l'actif restant après paiement des dettes est réparti, si les statuts n'ont décidé autrement, par tête entre tous les associés existant lors de la dissolution ou sortis au cours de l'année précédente. La répartition toutefois n'est faite qu'après que les créanciers ont été mis en demeure de produire par une insertion publiée dans la *Feuille du tribunal de commerce*. La part revenant aux créanciers connus, mais qui ne produisent pas est mise en réserve et tenue à leur disposition pendant trois ans.

Telles sont les législations européennes sur le sujet. Il y a dans quelques États de l'Union américaine des lois spéciales, mais sur lesquelles je ne suis pas assez renseigné pour les ajouter aux autres.

On a vu qu'en somme et malgré des différences de détails assez notables, les lois des divers pays conviennent sur certains points et tendent à régler assez sensiblement de même la situation des sociétés coopératives. Ainsi les lois faites à leurs usages sont partout des facilités qu'on leur offre et non une contrainte qu'on leur impose ; elles peuvent donc en user ou n'en user pas. Il n'y a aussi qu'une seule sorte de loi pour les diverses et très dissemblables variétés de société. Le projet de loi français, s'il est voté dans sa forme actuelle, donnera la seule loi posant des règles différentes pour les sociétés de production, de consommation, de crédit (il omet de parler des autres formes).

D'ordinaire la liberté des conventions fait l'essentiel de ces lois : entrée et sortie des membres, formation du capital, gestion de la société, sont organisés comme le veulent les statuts. La plupart des lois ont cherché à donner aux tiers une connaissance exacte de la situation non seulement par les publications initiales, mais par la publicité des bilans annuels et des listes de sociétaires ; les plus récentes ont tenté de garantir et les tiers et les associés eux-mêmes en organisant un sérieux contrôle, car la seule publicité ne suffit pas ; quelle sécurité donne-t-elle si les bilans publiés ne sont pas sérieux ? C'est de ce côté que se portera sans doute à l'avenir l'attention des législateurs. Ils n'omettront pas aussi, et l'ont fait déjà en la plupart des pays, de diminuer les formalités et surtout les frais de formalités de publicité sans que ces facilités toutefois se tournent en exceptions et en faveurs.

Et puis il songeront, plus qu'ils ne l'ont fait jusqu'ici, à garantir les sociétaires isolés contre l'oppression probable des majorités. Ce souci est de ceux qui, en un temps de démocratie et s'agissant de lois destinées surtout aux ouvriers, doit être la constante préoccupation de ceux qui font les lois.

TABLE DES MATIÈRES

	Pages
§ 1. France	7
§ 2. Angleterre	13
§ 3. Allemagne	19
§ 4. Autriche-Hongrie	29
§ 5. Belgique	33
§ 6. Pays-Bas	36
§ 7. Italie	38
§ 8. Suisse	44

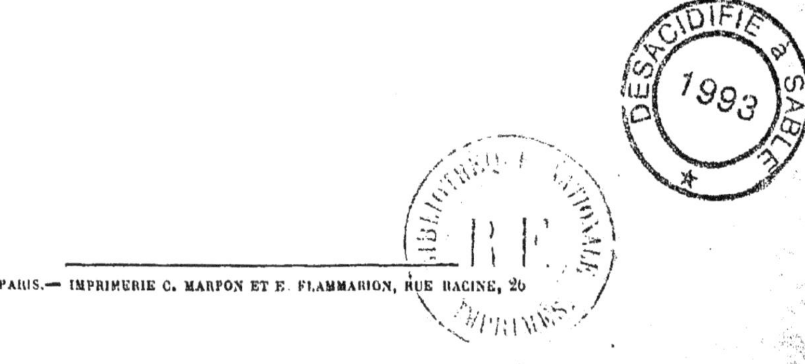

PARIS.— IMPRIMERIE C. MARPON ET E. FLAMMARION, RUE RACINE, 26

www.ingramcontent.com/pod-product-compliance
Ingram Content Group UK Ltd.
Pitfield, Milton Keynes, MK11 3LW, UK
UKHW020406220726
13923UKWH00004B/1777